历史穿越报

一代天骄
成吉思汗
席卷地球的人类之王

冰心儿童图书奖获得者 **彭凡** 著

化学工业出版社
· 北 京 ·

前言

如果你想了解一个人，就和他一起吃饭、聊天、逛街，关注他的朋友、他的敌人，以及他周围的一切。可是……

如果他是一位古代帝王，该怎么办?

很简单，坐上我们的时光机，回到他生活的年代，和他一起吃饭、聊天、逛街，关注他的朋友、他的敌人，以及他周围的一切。

当你回到古代，你会发现，原来古人也和我们一样，也要工作、学习和娱乐，也爱美食、八卦和明星。

你会发现，你想了解的人，也正是大家热烈讨论的那个人。

你会发现，当时的好多新闻、八卦都与他有关。

你会发现，就连广告中也处处有他的身影呢。

武则天刚刚发布了一则公告，要在全国进行大改革，年号要改，旗帜要改，衙门名称、官职名称等等都要改，连都城的名字也要改，话说她这是要登基当女皇的节奏吗?

朱元璋正在招兵买马，小编穿穿刚好会几招三脚猫功夫，要不要报名去试试?

一个通讯员告诉我们，李世民又和魏征在大殿上争得面红耳赤了，我们要不要偷偷把这个镜头拍下来呢?

……

现在，你是不是迫不及待想回到古代，在第一时间内了解这些新闻和八卦呢？别急，我们已经派人穿越了，将你想知道的一一记录下来，刊登在《历史穿越报》上。

这套《历史穿越报》一共十本，分别详细记录了汉武帝、唐太宗、武则天等十位帝王的成长历程。每本《历史穿越报》有十二期，一月一期。每期报纸中都有五花八门的新闻、八卦、访谈、广告、漫画，让你目不暇接。

我们的记者队伍非常庞大，分布在全国各地。有一部分人喜欢专门记录重大事件，我们将这些稿件放在“叱咤风云”栏目。

我们还有一批勤奋的通讯员，每天穿梭在各大茶馆。他们可不是去喝茶哦，而是为了搜集百姓的八卦、言论，给“百姓茶馆”栏目准备素材。

我们还设立了一个“鸿雁传书”栏目，古人有什么困扰、烦恼，统统都可以通过来信告诉我们，小编穿穿会一一耐心回复哦！

我们还有一位大嘴记者，名叫越越，专门负责采访当时最杰出，或者最有争议的人物。他是一个胆大包天的家伙，就算是皇帝也要刁难一下，古人们可要做好准备了！

当然，我们还有“广告铺”栏目，欢迎大家刊登广告，价格从优哦！

最后，希望大家在看完这份报纸后，不仅能读懂帝王们的一生，还能从中获得知识、经验与勇气，让我们的穿越功夫没有白费。

目录

第1期　黄金家族

第2期　惨兮兮的少年时代

第3期　草原英雄的崛起

第4期　一代天骄

第5期　嫉妒与气度

第6期　父仇得报

第7期 父子反目

第8期 决战乃蛮

第9期 一代天骄

第10期 向金夏出击

第11期　艰苦的西征

第12期　天骄陨落

第 1 期

公元12世纪

黄金家族

成吉思汗卷

穿越报

CHUANYUE BAO

穿越必读 CHUANYUE BIDU

公元11～12世纪，在辽阔的蒙古草原上，出现了一个很有声望的家族——黄金家族，他们所在的部落叫蒙古部落。后来，蒙古部落日益强大，与周边的塔塔儿部、篾儿乞部、乃蛮部以及金国的矛盾也越来越大，并由此引发了一系列激烈的战争。

黄金家族惨遭横祸

——来自蒙古高原的加密快报

现在是公元12世纪，有一天，在遥远的蒙古高原上，发生了一件大事：有一个部落的人，被另一个部落的人追杀，他们逃到了一片草场。由于饥饿难耐，他们挖草根充饥，结果将草场破坏了。

草场的主人是位叫那莫伦的女人，是赫赫有名的“黄金家族”的首领。据说她拥有数不清的牛和羊，当它们都站起来时，脚蹄可以覆盖从山顶到山脚河边的大片草地。除此之外，她还有七个儿子，个个虎背熊腰、英勇善战，因此几乎没有人敢招惹他们。

而现在居然有人敢糟蹋他们的草场！那莫伦得知后，大发雷霆，命人赶着马车朝那些难民冲了过去，不用说，当场就撞伤了一些人。双方发生了激烈的冲突。

那莫伦的儿子知道后，盔甲也没穿，就赶了过去。结果，不但六个儿子被杀了，就连她本人也被杀了。

草原上的人们听到这个消息，没有一个不扼腕叹息，“黄金家族”的荣光就要成为过去了吗？

揭秘黄金家族的由来

草原上有许多部落。它们大小不一，为了争夺牧草、财产和奴隶，不时混战。“黄金家族”就是草原上的一个部落，以放牧为生。

而要说起“黄金家族”，得先从不儿罕山（今蒙古国肯特山）说起。不儿罕山下有一条河流，叫斡难河（蒙古人的“圣河”，今鄂嫩河）。

很多年前的一天，一个叫朵奔篾（miè）儿干的小伙子和他的哥哥在河边的草场上放牧。那里绿草如茵，河水潺潺，令人心旷神怡。忽然，他们看到远处来了一群牧民。哥哥眼尖（据说额头正中还生有一只眼，能看见比常人远几倍的地方），对朵奔篾儿干说：“兄弟，那里面有一个非常美丽的姑娘。要是她还没嫁人的话，我给你说亲去！”

朵奔篾儿干和哥哥骑马过去一看，果然是个美丽的姑娘。这个姑娘的名字叫阿阑豁阿（“豁阿”是蒙古语美人的意思），家境富裕。

哥哥对阿阑说：“美丽的姑娘，你愿意嫁给我的弟弟吗？他是一名出色的勇士！”

阿阑见朵奔篾儿干气度不凡，就默默地点了点头。

就这样，帅小伙娶了个美人儿。成亲后，阿阑生了两个儿子，两口子的小日子过得和和美美，羡煞旁人。

然而，好景不长，没过多久，朵奔篾儿干就去世了。但奇怪的是，之后阿阑竟然又生了三个儿子。

这下，草原上的人们议论纷纷，就连阿阑的两个儿子也私下里嘀嘀咕咕。阿阑发现问题很严重，就把大儿子和二儿子叫到跟前，说："你们不要像那些牧民一样说三道四。你们知道这三个弟弟是怎么来的吗？"

两兄弟摇了摇头，表示不知道。

阿阑继续说道："自从你们的父亲去世后，我非常想念他。结果有一天，一个浑身发着白光的仙人飞了进来，并将一道白光射进了我的肚子里，后来我就生下了三个弟弟。这是神让我怀孕的，弟弟们是神的孩子，怎么能和凡夫俗子相提并论呢！你们要是不信，晚上就到我帐篷外看一下，自然就明白了。"

晚上，两个孩子来到母亲帐篷外。果然，到了夜深人静的时候，一道白光"嗖"地一下射进了母亲的帐篷，天快亮的时候，又"嗖"的一声，从母亲的帐篷里飞了出来。

从此，两个孩子也就信了，风言风语也跟着平息了。

（后来，人们把三个弟弟及他们的后人称作"尼鲁温蒙古人"，意思是从腰部出生的纯洁高贵的蒙古人，他们的后代就是"黄金家族"。而两个哥哥的后代被称为"迭列列斤蒙古人"，意思是普通的蒙古人。）

五箭训子

阿阑和五个儿子共同生活了很多年，在五个儿子中，她最喜欢的是小儿子孛端察儿。

有一天，她觉得自己就要死去了，可是五个儿子却不太和睦，经常打架，这令她很不放心。

她把孩子们叫到身边，让孛端察儿拿来五支箭，发给他们每个人一支，说："你们把自己手里的箭折断了。"

这有什么难的，五个儿子听后，"啪"的一声，一下就把手中的箭折断了。

阿阑又让孛端察儿拿来五支箭，并把它们紧紧地绑在一起，说："现在，你们再把这捆箭折断吧。"

五个儿子用尽全身的力气，也没有一个人能把这捆箭折断。

这时，阿阑语重心长地说："我就要离开你们了。你们要记住，你们五兄弟都是我的孩子，就如这五支箭一般。如果分开了，就很容易被折断；如果紧紧地绑在一起，任何人都不能奈何你们。所以，你们五兄弟一定要像这五支箭一样团结起来，这样我们的家族才会兴旺，我们的部落才会强大啊！"

没过多久，阿阑就去世了。

无头不成人，无领不成衣

阿阑一去世，五兄弟就把母亲的话忘得一干二净，马上分了家。

他们把家里的财产分成四份，四个哥哥一人一份，唯独没有弟弟孛端察儿的，最后只给他分了一匹秃尾巴马，一顶破帐篷，以及弓箭、火镰等一些生活必需品。

最后，还哄骗他说："你年纪还小，给你家产也没用，你就到四个哥哥家轮流吃饭得了，今天到大哥家吃，明天到二哥家吃，如此循环，保你天天有饭吃。"

孛端察儿没办法，只好这样。但一轮饭吃下来，他不干了，为什么呢？因为哥哥们态度冷淡，给他吃的饭，还不如给奴隶吃的好。虽然孛端察儿年纪小，看起来又很笨，但还是有骨气的。他心想："我也是一个男子汉，为什么一定要在这里受气呢？"

于是，他带着弓箭、干粮和一些生活用品，骑着那匹秃尾巴马离开了家。

他沿着斡难河，来到一处水草丰美的

地方定居下来，靠自己的双手搭起了茅草屋，还抓了一只鹰为他捕猎，有时还会用猎物和附近一个部落的人换马奶喝。

过了一段日子后，孛端察儿的三哥终于良心发现，觉得不应该把弟弟赶走。于是，他骑着马，沿斡难河找到了孛端察儿。兄弟俩见面后非常高兴，哥哥说："对不起，弟弟。我们不应该把你赶出来，你和我一起回家吧。"

孛端察儿于是离开了茅草屋，跟着三哥踏上了回家的路。

兄弟俩沿着斡难河往家里赶，路上孛端察儿一边骑马，一边回头看，嘴里不停地念叨："人须有头，衣须有领。无头不成人，无领不成衣。"

三哥很好奇，就问弟弟："你老念叨这句话，到底是什么意思啊？"

孛端察儿说："这句话的意思是，身体不能没有头，衣服不能没有衣领。你看，草原上的这些人，没有首领，就像一盘散沙，很容易战胜。为什么我们几兄弟不联合起来，把他们征服了，做他们的首领呢？"

草原上一直是你抢我，我抢他，抢财物，抢女人，抢牲畜，谁厉害，谁就是奴隶主；谁弱小，谁就是奴隶。

所以，三哥一听，觉得非常有道理。两人回到家里，召集来其他几个兄弟，同心协力地征服了一些散居的牧民，按照母亲的教诲，把这些"箭"捆在了一起，建立起自己的部落——蒙古部落。

孛端察儿就是孛儿只斤氏的祖先，海都的曾祖父。

叔侄复仇，黄金家族起死回生

黄金家族险些遭到灭顶之灾，为什么说“险些”呢？因为那莫伦年幼的孙子海都被人藏在乱木堆中，躲过了这场劫难。而她最小的儿子纳臣因为当时正在老丈人的部落，也躲过了此劫。

当纳臣翻山越岭，急匆匆地赶回家时，眼前的一切让他怒火中烧：几百匹马被掠夺一空，存活下来的亲人只有一个！

草原上的人，把马看得比自己的生命还重要。因为放牧、打猎都离不开马。所在，纳臣暗下决心：一定要夺回自己的马！一定要报仇！

可是草原这么大，到哪去寻找自己的仇人呢？纳臣一筹莫展。令人称奇的是，就在这个时候，有一匹老马从仇人那边跑回来了！

于是，他骑上马径直往仇家的帐营走去。走到半路，纳臣看见前面有两个人，他们骑着马，肩膀上架着鹰，一路有说有笑。而那鹰正是哥哥们驯养过的鹰！

纳臣强按心中的怒火，驱马上前，跟他们聊起天来。这一聊不要紧，那两人果然是那帮洗劫自己家园的仇人！纳臣趁他们不注意，立刻挥刀把他们杀了。

当他驱马来到仇人的部落时，那帮人正载歌载舞，庆祝自己的胜利呢！要知道，他们当时可是被人追得无处可逃，现在不但有了地盘， 还发了一笔横财，怎能不兴奋呢？所以，他们把抢来的几百匹马就放养在山下，由几个人看着。

当然，他们根本就没想到，那一场屠杀中，居然还有幸存者。更没想到，这个幸存者，居然敢孤身一人闯入他们的领地，杀掉了那几个看马人，将几百匹马又夺了回去。

为了避免敌人再来找麻烦，纳臣带着马匹和侄儿海都，回到了老丈人的部落。

在纳臣的悉心培养下，海都渐渐长大成人，成为了部落首领。具有王者风范的他，向草原上所有的人发出了邀请，不管你是流浪汉，还是盗马贼，只要你愿意成我们的一份子，我们就将你视为亲人，给你分酒、分肉、分马、分帐篷。

这样一来，许多人纷纷前来归附，就连其他部落的人也跑来了。黄金家族在濒于灭亡的边缘，转而起死回生。

在海都的率领下，他们一举灭掉了仇人，为族人们报了仇。海都也因此被推举为蒙古部落的可汗。

啦啦啦，这些财宝属于我们了！

啦啦啦，这些美女属于我们了！

啦啦啦，这些马属于我们了！

现在，这些棺材属于你们了！

皇帝的胡子也敢揪？

海都死后，他的曾孙合不勒汗继续开疆拓土，势力一天比一天强大，还经常跑去骚扰自己的邻居——金国。

金国是由东北的女真族建立的，以渔猎为生。自从灭了辽国和北宋以后，他们占领了北方的大部分土地，成为一方霸主。为了全心全意对付新建立的南宋，金太宗决定收买蒙古部落，于是邀请合不勒汗到都城上京会宁府（今黑龙江省哈尔滨市阿城区）作客。

大臣们看合不勒汗长得五大三粗，穿着寒酸，一副土老帽儿的模样，打心眼里瞧不起他。

而合不勒汗呢，他看到金国华丽雄伟的宫殿后，很不是滋味。要知道，他生在草原，长在草原，草原上的人住的是简陋的帐篷，有的甚至连帐篷都没有。

面对着吃不完的美食和喝不完的美酒，合不勒汗不知不觉吃多了，喝醉了，竟走到金太宗面前，伸手去捋他的胡子。

亵渎君王可是大不敬的行为，照理应该斩首。金国大臣一个个火冒三丈，要杀了合不勒汗。合不勒汗一惊，酒醒了，赶紧跪在地上请罪。好在金太宗没有与他计较，让他回去了。

可合不勒汗前脚一走，金太宗就在群臣的怂恿下，反悔了，又派出使者，追上合不勒汗，令他返回金国。

合不勒汗知道这一去，就回不来了，因此拒绝返回，还把那使者给杀了。从此，金国与蒙古部落结下了冤仇。

如何对付那个合不勒？

穿穿老师：

您好！最近，我们金国被那个合不勒闹得天翻地覆。为了对付他，我们先后派出了两支队伍。没想到那地方方圆几千里全都是草，没有路，军队成天在草原上像个无头苍蝇似的瞎转悠。

更糟糕的是，那些蒙古骑兵冷不丁地从你背后窜出来，今天砍我们一下，明天抢我们一下，后天烧我们一下，等我们回过神来，他们早溜得人影都不见了。

唉，眼看粮食快吃完了，我军还没找到他们的大本营。麻烦您告诉我好吗？只要找到他们，我肯定把他们打得落花流水！

完颜宗弼

完颜大人：

您好。作为金国的第一名将，看来您还是没有读过《孙子兵法》啊！孙子说："知己知彼，百战不殆！"像你们这样，对敌人情况一无所知就贸然出兵的，实在是缺心眼。

而且，你们千里迢迢跑去攻打他们，到了目的地，士兵早就劳累不堪了，哪还有精力打仗呢！你们已经领教过合不勒汗的"游击战"了，就算我告诉您他们在哪里，你们也是打不赢的。您还是赶紧撤兵吧！这样还不至于输得太难看。

《穿越报》编辑 穿穿

穿越报编辑部

【公元1148年，金国册封合不勒汗为蒙兀国王。从此，他们每年给蒙古部落送去牛、羊和粮食之类的礼物，以求得大兴安岭边境地区的和平。】

一个萨满惹的祸

现在咱们蒙古部的对头真多啊，除了金国，身边还有五个，东边是塔塔儿部，北边是篾儿乞部，南边是汪古部，西边是克烈部，再往西是乃蛮部，再加上一些小部落，唉，大家成天你争我夺，相互厮杀，这样的日子什么时候才结束啊！

蒙古部牧羊人甲

退休的老萨满

也有互相帮助的时候啦！前段时间，咱们可汗的妻子得了重病，不是从塔塔儿部请来一个萨满帮忙治病嘛，据说这个萨满比我们都厉害呢！

你没听说吗？病没有治好，人却死了啊。所以，我们怀疑是那个萨满故意不好好治，就把他杀了！

郭尔罗斯部勇士丙

蒙古部放马人

天，怎么把萨满给杀了呢？萨满可是能够沟通天神的人啊，地位甚至比部落首领还要高呢！塔塔儿部肯定会报仇的！

俺巴孩送女成亲，惨遭横祸

合不勒汗死后，秉着传贤不传子的传统，将汗位传给了自己的堂弟、泰赤乌部的首领俺巴孩。

俺巴孩当上可汗后，塔塔儿部假装议和，主动提出要和蒙古部落结亲，送来了一张彩弓、一把宝剑。

俺巴孩是一个性格仁慈的人，也想缓和与塔塔儿部的矛盾，三杯酒下肚后，同意将女儿嫁给塔塔儿部的首领木秃儿之子。

按照蒙古部落的风俗，俺巴孩得亲自把女儿送到塔塔儿部。不料，一到塔塔儿部，一帮塔塔儿人就冲过来，把俺巴孩给绑了起来。

蒙古部的人非常气愤，我们好心与你们和亲，你们怎么能如此不义呢?

于是合不勒汗的大儿子带人前去质问，结果，塔塔儿人把大儿子也抓了起来，和俺巴孩一起献给了金国，想借金国之手杀了他们。金国人正巴不得让这两个部落打得你死我活，于是将计就计，把俺巴孩汗钉在木驴上，处死了他。

临死前，俺巴孩冲着远处的随从喊道："我好心和塔塔儿人和解，他们却出卖了我。我死之后，你们一定要为我报仇，就算指甲磨尽，十指流血，也不能改变这个信念！"

从此，蒙古部和塔塔儿部、金国之间的仇恨更深了。俺巴孩汗去世后，合不勒汗的第四个儿子忽图刺做了可汗。

蒙古最伟大的“神”——“长生天”

每个民族都有自己崇拜的神，蒙古人崇拜的神叫作“长生天”，信奉“萨满教”。

这种宗教起源于原始社会，是一种古老的宗教。萨满教中有“萨满巫师”，就同佛教中有和尚，道教中有道士一样。

蒙古人非常崇拜这些巫师，打仗的时候，也经常将他们带在身边。如果有人生病了，他们就将巫师请来，给病人们作法祛病。所以，巫师在蒙古部落中的地位相当高。

不过，要成为一名合格的巫师，可不是一件容易的事情哦！因为他们需要层层修行，修行期满后，还要过“九道关”，即上刀梯、穿火池等。

萨满教将世界分为三界，上面是神灵居住的“天界”；中间是凡人和动植物居住的“人界”；下面是妖魔鬼怪的聚集地“妖界”。萨满教崇拜自然，将火、山川、树木、日月星辰以及一些动物等，都看作神灵。他们认为，世间最伟大的神就是长生天（苍天），它主宰着世间的一切。

一个虔诚的萨满教徒，认为长生天能够庇佑众生，因此会对它充满敬畏（铁木真和他的父亲就是虔诚的萨满教徒）。

越越 大嘴记者

忽图剌 特约嘉宾

嘉宾简介：蒙古可汗。合不勒汗的七个儿子，个个都是英雄，其中有一个，更是英雄中的英雄。他的声音大如洪钟，隔着七座大山都能听到；他的大手犹如熊掌，能毫不费力地把人折成两半；烧红的木炭掉在他身上，不过就像个虱子。就是这样一个神奇的人物，带领着蒙古部人踏上了复仇的征程。他就是蒙古英雄——忽图剌！

越　越：大汗，您好！（伸手）

忽图剌：（伸手）记者先生，你也好！

越　越：哎哟，大汗您力气也太大了吧，痛死了！

忽图剌：文弱书生，不堪一击，我还没用力呢！要是用了力，就算你再强壮，我也能像折箭一样将你折成两截！

越　越：（吓了一跳）我现在明白，蒙古人为何把大汗当作英雄了！

忽图剌：我们蒙古人个个都是英雄好汉！因为我们是苍狼和白鹿的孩子！

越　越：苍狼和白鹿？我的天，那你们是怎么进化成人的呢？

忽图剌：你这记者，怎么说话的！这苍狼，指的是我爷爷的爷爷的爷爷的爷爷……孛儿帖·赤那；这白鹿，指的是我奶奶的奶奶的奶奶的奶奶……豁尔·马阑勒。他们两个是奉上天之命降生到人间的。

越　越：原来如此。怪不得你们这里的男子像狼一样勇猛好斗，女子像鹿一样温顺可爱。那为什么还有人说，你们蒙古人是鼓风箱和太阳的儿子呢？

忽图剌：那是很久以前，我们蒙古人和别人打仗，遭到了残酷的屠杀，只有两对夫妻逃到一个名叫额尔古捏昆

的无人山谷活了下来。他们在那安家落户，慢慢地，人就越来越多了……

越　越：发展够快的。这人一多，小山谷就住不下了吧？

忽图刺：是的，得考虑搬家了。可山谷四周全都是悬崖峭壁，根本就搬不出去。

越　越：那可怎么办？

忽图刺：哈哈，我们祖先很聪明，他们用了七十张牛皮，做了个巨大的鼓风箱，把火吹得很旺，居然就把额尔古捏昆的悬崖给融化了！

越　越：天，这鼓风箱得多大啊！太不可思议了吧！

忽图刺：哈哈，更让人不可思议的是，这悬崖外面便是一眼望不到边、绿油油的大草原啊！

越　越：哈哈，这个只是传说吧！不过，这想象力还挺丰富的。

忽图刺：哈哈，一般一般，世界第三。最有想象力的还是你们汉人，既能补天，又能造人（编者注：其指女娲）。

越　越：哈哈，我们的祖先都超级能干！不过，他们都不是人，是神！哪像大汗，是实实在在、有血有肉的大英雄啊！草原上的人们现在都指望大汗能带他们报仇雪恨，过好日子呢！

忽图刺：我也知道他们对我抱有很大期望，压力山大啊！唉，不说了，待会我又要带我侄子也速该出去作战了。唉，跟塔塔儿人打了那么多仗，却还是没有报仇，真是无颜见蒙古子民啊！

越　越：大汗放心，总有那一天的。您刚刚说也速该，那位是你们蒙古第一勇士吧？

忽图刺：嗯，我打算以后把汗位传给他！

越　越：怎么不传给你的儿子呢？

忽图刺：我们蒙古部落的习惯是传贤不传子。首领死了，不一定要把汗位传给儿子，而是传给部落里最勇敢、最有能力的人。相信也速该一定能使蒙古部落更加强大的！哈哈……

越　越：有志者，事竟成！可是，大汗，您这笑声我实在受不了了，今天的采访就到这里吧！

（忽图刺死后，也速该继承了蒙古部落首领的汗位。）

广告铺

森林选举集会

在我们蒙古本部和兄弟部落泰赤乌部的选举下，新的大汗诞生了！为了表示我们对忽图剌大汗的祝贺，让我们戴上面具，绕着大树尽情欢呼，尽情舞蹈吧！直到我们踏出的尘土，没过我们的膝盖！

新汗选举大会

精美面具私家订制

本人擅做各类面具，本人制作的面具绘制精美，品种繁多，深受众多萨满好评。现游牧路过此地，欢迎有需要的萨满来找我订制，价格实惠，量大从优。

萨满面具店

萨满培训哪里强，蒙古高原找蓝翔

你想成为人人敬仰的萨满吗？本培训班由现任顶级萨满亲自授课，亲自培训，不收取任何费用，课程结束之后，即有机会经过挑选，成为你梦想的萨满！

蓝翔萨满培训班

减丁令

蒙古人总是无端骚扰和劫掠我大金子民，理当严惩。因此，我大金国将对该部落实施“减丁”政策，凡成年男子一律处死，婴幼儿及妇女全部充作大金奴隶，为我大金效力。

金国

第2期

公元1162年—公元1179年

惨兮兮的少年时代

成吉思汗秀

穿越报

CHUANYUE BAO

穿越必读 CHUANYUE BIDU

忽图刺死后，蒙古部落联盟分裂为泰赤乌部和乞颜部两大部。其中乞颜部的首领叫也速该。公元1162年，他的儿子铁木真出生了，然而铁木真九岁那年，也速该不幸被塔塔儿人毒害，从此，铁木真一家被赶出了贵族行列，开始了颠沛流离的生活……

黄金家族又添了个大胖小子

——来自斡难河畔的加密快报

公元1162年，蒙古草原上传来了两个好消息。

来自斡难河畔的加密快报！

第一个好消息是：蒙古部终于打赢塔塔儿部了！

这些年来，蒙古部跟塔塔儿部打了十几次仗，始终未能占上风，这一次，终于取得了一次重大的胜利。也速该还把敌人一个叫铁木真·兀格的首领给俘虏了！

第二个好消息是：也速该刚打完这场胜仗，他弟弟就跑过来大喊：“哥哥，别打了，赶紧撤兵吧！嫂子生了！”

原来，也速该的妻子月伦夫人（也译作诃额仑）生了个大胖小子！黄金家族又添新丁了！

按照蒙古族的风俗，婴儿的诞生是吉祥的征兆。也速该喜出望外，跑回家一看，嘿，那小子不仅面带红光，哭声嘹亮，而且手里还紧紧地握着一个血块，这个血块看起来跟长矛似的。

也速该非常高兴，他把儿子高高举过头顶，大声说：“这就是草原上的狼王，是我们蒙古人未来的领袖啊！”

为了纪念这天的胜利，也速该给孩子起了个名字叫：孛儿只斤·铁木真。

抢来的新娘

有了铁木真，也速该打心眼里高兴，当然，更高兴的还是他那抢来的妻子——月伦夫人。

说到这里，读者可能有点不明白了。也速该不是“蒙古第一勇士”吗？这样的男子汉，应该有很多美丽的姑娘抢着嫁才对，怎么还要去抢老婆呢？

原来，草原上同一氏族的贵族是不能通婚的。年轻的贵族男子找妻子，只有两条路。一是到没有血缘关系的部落去求婚，二是抢掠外族女子为妻。

一天上午，也速该外出放鹰打猎，远远地，看到篾儿乞部也客赤列都的人娶亲归来，坐在车上的新娘子就是月伦。

也速该见新娘美丽动人，立刻动了心，于是飞快地跑回家，找来哥哥和弟弟，要一起抢走这个新娘。

聪明的月伦见这三人来势汹汹，便对也客赤列都说：“来者不善，你赶快逃吧，只要保住了性命，还怕娶不到妻子吗！”也客赤列都没办法，只好骑马逃走了。

草原上一向崇尚武力，再加上抢婚也是一件很平常的事，月伦见也速该是一位勇士，就心甘情愿地嫁给了他。他们先后生下四个儿子，分别是铁木真、合撒儿、合赤温、帖木格，以及一个女儿帖木仑。

九岁的见习女婿

草原上的男人满十二岁就可以成亲了。

铁木真九岁时，为了让他不像自己一样去抢亲，也速该决定带他去妻子月伦夫人的娘家——弘吉剌部，寻一门好亲事。因为那里以盛产美女而闻名。

路上，父子两人遇到了弘吉剌部的另一个首领德薛禅。

德薛禅问："你们二人来这里有什么事吗？"

也速该答："我打算去给我的儿子找个好老婆呢。"

德薛禅一听就来了兴趣，说道："老朋友，我看你这个儿子，目光如火，面上有光，不简单啊。昨晚我做了一个梦，梦见一只白色的海东青携着日月，从天上飞来，站在我的手上。今天你带着你的儿子来，正好应验了这个梦，是吉兆呀！"

接着，德薛禅又说："我们弘吉剌部一向不和他人争斗。一旦你们的新汗登基，我们就把族里长得漂亮的女子，送过去做后妃。结亲这种事，男孩就看出身，女孩就看长相。我的女儿年满十岁，你不妨去我家坐坐，看看我那女儿吧！"说完，把也速该

父子请到家中。

也速该一看，德薛禅的女儿孛儿帖又漂亮，又有福相，心中很满意，第二天就向德薛禅求了婚。

德薛禅是个聪明人，他说："照理，你们男方应该多次提亲，我们才能答应。如果第一次提亲，我们就同意，会显得我们女方太轻贱。但你儿子实在是太了不起了，我也不想错过，就这样定下来吧！"

双方愉快地交换了信物，并摆了一场酒宴，就算把婚事给定下来了。

第二天，也速该打算走的时候，德薛禅提出了一个要求，因他们家人丁单薄，孩子还有点小，这么早就嫁人，可能不太适应，不如让铁木真在他们家住上一年。

也速该同意了，但也提出了一个要求："我儿子怕狗，希望别让狗把他吓着了！"

原来，草原上的狗跟中原地区的狗不一样，它们体格硕大，性情凶残，能跟豺狼虎豹搏斗。九岁大的孩子有点怕，也是人之常情。德薛禅当场就拍胸脯做了保证。

于是，也速该留下一匹马作定礼，把铁木真留在亲家家里，独自一人骑马回家了。

勇士也速该死了

汉人甲

听说了吗？听说了吗？你们的勇士也速该死了。真是奇怪，这也速该正值壮年，没听说他生病，最近也没打仗，好好的怎么突然就死了呢？

牧羊人甲

这事我知道。他送铁木真到弘吉剌部去求亲，回来的路上，遇到塔塔儿人在举行宴会。我们蒙古人有个习俗，碰上有人就餐，要下马以示敬重，而且还可以不经主人同意，一起用餐。也速该正好有点口渴，就下马参加了。没想到塔塔儿人认出了他，在酒里下了毒。他喝了酒，一回家，就毒发身亡了。

放马人丙

这些卑鄙小人！竟敢违背我们蒙古人的待客习俗，表面欢迎，暗地里下黑手，真是可气。

乞颜部勇士

听说他临死前，叮嘱家人说，他是被塔塔儿人毒死的，要他的儿子以后为他报仇。现在他的仆人蒙力克已经把他的长子铁木真叫回来了。唉！可怜他的妻子、儿女，也不知道以后会怎么样。

铁木真一家被赶出了贵族行列

也速该死后，铁木真一家的地位一落千丈，原先追随也速该的氏族和部落纷纷撤离。第二年春天，根据风俗，蒙古部要举行祭祖典礼。典礼结束后，祭品要与全族人一起分享。

主持这次祭祖典礼的是泰赤乌部俺巴孩汗的两位妃子。她们故意不通知月伦，也不与他们分享祭祀的食物。

月伦听到这个消息，立即赶到了典礼现场，气愤地质问二位妃子："也速该死了，他还有儿子，为什么不给我们分祭品？"

二位妃子轻蔑地说："我们凭什么要分吃的给你？为什么一定要分给你？"

双方当场闹翻，不欢而散。

第二天一早，泰赤乌部就带着大家，丢下铁木真一家，迁走了。月伦不甘心，她跨上战马，举着氏族大旗，追上迁徙的队伍，怒视着那帮人，大声喊道："也速该待你们不薄，现在他尸骨未寒，你们就要抛弃我们孤儿寡母吗？如果你们还有良心的话，就应该随着这面旗帜回去！"

然而，人们还是觉得跟着铁木真一家没希望了，便投到了泰赤乌部的阵营中。

就这样，月伦从部落首领的家人，变成了孤苦无依的流民。这一年，铁木真只有十二岁。

该不该教训别克帖儿

穿穿老师:

您好！自从被大家抛弃之后，我们的生活一下子从天上掉到了地下，日子过得艰苦不说，更讨厌的是，我的两个异母弟弟，老是跟我们作对。

今天我们几兄弟在河边钓到一条小鱼，非常漂亮。没想到，可恶的别克帖儿和别勒古台（异母弟弟）仗着力气大，把鱼抢走了。

这种事已经不是第一次发生了，前几天，他还抢走了我们抓的云雀。我和合撒儿气坏了，就告诉了母亲。谁知道母亲不但不帮我们，还偏袒他们，太过分了。

我和合撒儿已经商量好了，等别克帖儿一个人的时候，一定要让他好看。穿穿老师，您说，我们该不该教训他？

铁木真

铁木真：

你好。我能理解你的心情，但是你别忘了，现在你的父亲不在了，你是家中的老大，做哥哥的要保护、教导弟弟们，而不是伤害他们。就像你母亲说的，你们几兄弟的敌人应该是泰乌赤人，而不是自己的亲人。你好好想想，不要冲动，免得做了让自己后悔的事。

《穿越报》编辑 穿穿

【铁木真和合撒儿一时冲动，射死了正在放马的别克帖儿，事后非常后悔，对另一个弟弟别勒古台格外爱护。】

铁木真被抓走了

一年一年过去了，铁木真兄弟渐渐长大了，一个个力大无比，还练就了一手精湛的箭法。渐渐地，一些老部众回到了他们的身边。

泰赤乌部首领塔儿忽台知道后，非常不安，跟其他人商议说："不能让这帮雏鸟长成雄鹰，要在他们还小的时候，斩草除根，不然，他们以后一定会来报仇雪恨的！"

为了抓住这群"小鸟"，塔儿忽台立即带上骑兵，一阵风似的向铁木真的营地冲去。

铁木真母子一下子就明白了是怎么回事，慌忙逃进了附近的林子。

泰赤乌部人对这里不太熟悉，刚刚开始进攻时，领头的一个骑手就被射中了。这一箭，是铁木真的"神箭手"弟弟合撒儿射的。

狡猾的泰赤乌部人一看，这些孩子还真不好对付，不能硬来，于是高声喊道："我们只抓铁木真，跟其他人没有关系。"月伦母子一听，急忙让铁木真骑马逃走。铁木真没有犹豫，骑上马钻进了斡难河上游的森林里，躲了起来。

森林中长满了树木，不方便行军。泰赤乌部人不敢进去，就围在外面，守株待兔。

等到第九天，铁木真实在太饿了，不得不从森林中走了出来。刚走出去，就被泰赤乌部人抓住了。

绝地大逃亡

抓住了铁木真，塔儿忽台松了一口气，令人奇怪的是，他并没有杀掉铁木真，而是给他戴上枷锁，放到各个蒙古包中轮流看守着。

既然没有死，那就要活着逃出去！在严密的监视和看守下，铁木真默默地等待着时机。

终于有一天，机会来了！这一天，泰赤乌部人办了一场宴席，热闹了整整一天，直到夜幕降临，才一一回去休息。

看守铁木真的是个年轻人，有点心不在焉。铁木真趁他不注意，捧起脖子上的木枷，“嘭”的一下把年轻人打晕在地上，趁着夜色，藏在了河里的芦苇丛中。

泰赤乌部人发现铁木真逃跑了，马上集合队伍，到处寻找。一个叫锁儿罕失剌的人来到芦苇丛中时，一眼就发现了铁木真。

也是铁木真命不该绝，这锁儿罕失剌并不是泰赤乌部人，和铁木真也没有血海深仇，他是一

个仁慈的长者。

他轻声对铁木真说："因为你聪明过人，双目有神，面上有光，不是一般人，所以被泰赤乌部的人嫉恨。你继续藏在这里吧，我不会告诉别人的。"

说完，锁儿罕失剌就继续向前搜去。

找了一遍，没有找到铁木真，泰赤乌部人哪里甘心，他们准备再仔细搜一遍。锁儿罕失剌暗暗着急，这时，他鼓起勇气劝道："白天都让人跑了，晚上又怎么能找得到？还是天亮了再来找吧，反正我们早晚会抓住他。何况他还戴着枷锁，能跑到哪里去？"

大家一听，确实有道理，而且，白天喝了那么多马奶酒，这会儿头还晕着呢。于是他们纷纷散去，回家睡觉了。

锁儿罕失剌看大家都离开了，悄悄来到芦苇丛，对铁木真说："他们都走了，明天会再来找。趁着现在，你快去找你母亲吧。如果遇到别人，你千万不要说见过我啊！"说完，他就快步回家了。

但是，他才回到家，

连口水都还没喝，铁木真就找上门来了。

这个随时会爆炸的大炸弹跑到自己家，锁儿罕失剌又是着急，又是生气，质问道："我让你去找你母亲，你怎么跑这里来了？"

铁木真还没说话呢，锁儿罕失剌的两个儿子就劝道："鸟雀逃出牢笼，藏在丛林中，丛林也会庇护它。现在他来我们家，父亲你怎么问出这种话啊？"

就这样，铁木真藏在锁儿罕失剌家中，躲过了泰赤乌部人的搜查。几天以后，锁儿罕失剌牵来一匹马，又烤了只羊羔，装了马奶，取了弓箭，让铁木真带上这些逃走了。

乖孩子，快
回家去！
不回。

回去！
不回。

求你了，
快走吧！

好吧。

勇斗盗马贼

铁木真回到家后，家人喜出望外。为了躲避泰赤乌部人的追踪，他们离开了之前的宿营地，迁到了另外一个水草丰美的地方。

虽然生活仍然过得很艰苦，但是只要一家人在一起，就没有什么大不了的了。

然而，安稳的日子并不长久。

铁木真家一共有九匹马，这是他们家最宝贵的财富。有一天，突然来了一群盗马贼，把他家的八匹马都抢走了。

铁木真兄弟几个跟在后面使劲儿追，但是人怎么能跑得过骏马呢？没办法，他们只好垂头丧气地回家了。

到了傍晚，别勒古台骑着家里唯一剩下的一匹马，打猎回来了，一听说家里的八匹马被抢了，就立刻要去追，合撒儿说：“你打了一天猎，我去！”

两人争执不下，铁木真说：“你们不要争了！我去！”他骑上马，往盗马贼去的方向追去。

一直追到第三天，铁木真还是没有发现盗马贼，却遇到了正在挤马奶的少年博尔术。

铁木真向那少年打听消息，少年说确实看到有人赶着八匹马经过，还自告奋勇要帮忙。

两人结伴又追了三天，终于找到了那伙盗马贼。

铁木真果然是真汉子，他不愿连累新结识的朋友，就对他说：“我家的马就在那儿，你在这等着，我去赶马。”

博尔术可不是个怕事的人，他急忙说：“我本来就是来帮助你的，怎么能袖手旁观呢？”

说服不了他，铁木真只好答应跟他一起行动。他们不管不顾地冲进木栏，赶出那八匹马，像一阵风似的向野外跑去。

盗马贼很快发现了，骑马追来，两边你追我赶，形势十分危急。

幸好，不久天就黑了，草原上黑漆漆的一片。即使是盗马贼，也不敢在夜里追击，最后只好放弃回营了。

三天后，二人赶着马群回到了博尔术家。

这时候，博尔术的父亲还以为儿子丢了，正哭得眼泪直流呢！

一见着儿子，就把他狠狠骂了一顿。不过，他知道有客人在，还烤了一只羊羔给铁木真做食物，并叮嘱他们说：“以后，你们两个就是好朋友了，要互相照顾啊！”

一段真挚的友谊就这样建立起来了。

越越 大嘴记者

月伦夫人 特约嘉宾

嘉宾简介：铁木真的母亲，也速该的妻子。她是一位美丽贤惠的妻子，与也速该在一起后，就一心爱着他，为他生儿育女，操持家务；她是一个坚强果敢的母亲，丈夫死后，她挖野菜，摘野果，用弱小的身躯支撑起整个家庭，对孩子们的成长产生了不可磨灭的影响。

越　越：月伦夫人，你们一家人最近过得怎么样？

月伦夫人：还好。现在杜梨、稠梨（斡难河流域的野果）都有很多，野菜也不少，铁木真他们长大了，会到斡难河里去钓鱼，也能打猎。

越　越：他们真懂事。想到你们母子从孛儿只斤氏首领的继承人变成了草原上的流亡者，真是让人感叹啊！

月伦夫人：那些忘恩负义的泰赤乌人，我们绝不会忘记这刻骨的仇恨，总有一天，他们会后悔的。

越　越：当年的祭祖事件，我也听说了。

月伦夫人：那只是一个导火索罢了。自从也速该去世后，他们对我们一家人的态度就越来越差了。唉！那时候，我以为一番严厉的呵斥会让他们退却，没想到……他们已经被利益蒙住双眼啦。

越　越：那也难怪，毕竟他们也是因为也速该的威望才聚集在一起的，现在也速该不在了，铁木真又年幼……

月伦夫人：这个我也明白，但是我好不甘心。泰赤乌部离开也就算了，最让我伤心的是，其他那些乞颜部的部众居然也被怂恿，跟着离开。哪怕我举着我部的大旗去劝说，他们也不愿回头。

越　越：唉！天下熙熙，皆为利来，天下攘攘，皆为利往。

月伦夫人：这句话说得太对了，所以我也想明白了，不怪他们。我只恨泰赤乌人，他们不但夺走了我们的部众，更可气的是，他们居然又想抓我儿铁木真，这些魔鬼！

越　越：啊？怎么回事？

月伦夫人：其实，他们抛弃我们一家人之后，经常会来骚扰我们，附近的其他部落也是，时不时就来“打秋风”。

越　越：啊！真是可恶！你们自己都还吃不饱。

月伦夫人：谁说不是呢。不过他们这些强盗可不管这些。每次都是看到什么抢什么。幸好，他们没有杀掉我们。无论如何，我也不能让也速该家断了香火。

越　越：真是太危险了。

月伦夫人：是啊，尤其是上次，铁木真被塔儿忽台抓走了，我都快着急死了。还好，后来，铁木真平安回来了。不然，我真不知道怎么跟死去的也速该交代了。对了，听铁木真说，是老牧民锁儿罕失剌帮了他，这才躲过泰赤乌人的搜捕。这份恩情，我绝不会忘的。

越　越：夫人真是恩怨分明啊！

月伦夫人：那当然，我们也速该家族的每个人都是顶天立地的，绝不做恩将仇报的事，也绝不会放过任何一个敌人。

越　越：佩服，佩服！那您接下来有什么打算？

月伦夫人：铁木真年纪也不小了，差不多要考虑娶妻的事了。不过，这些年发生了这么多事，也不知道当年的亲事，还算不算数。

越　越：那您快去张罗张罗这事吧。哎呀！快到饭点了，不耽误您做饭啦。谢谢您接受我的采访，再见！

月伦夫人：嗯，再见！等我儿铁木真娶妻的时候，您要来喝杯喜酒啊！

越　越：好嘞！

广告铺

关于严密看守铁木真的通知

狼崽子铁木真已经被我们抓住了，至于怎么处理他，我们还要开会商量。从今天开始，各营轮流看守，以防他逃跑。在此，我希望大家认清立场、坚定信念，不要对我们的敌人抱有同情，要记住，他是也速该的长子，是潜在的复仇者！

泰赤乌部首领塔儿忽台

“固姑”帽新款到货啦

应广大消费者的强烈要求，本铺新到一批“固姑”帽，款式新颖，质地上乘，不管是佩戴还是做装饰物，都是各位太太小姐绝佳的选择。有兴趣的朋友，请赶紧来本店选购，数量有限，先到先得哦！

固姑制作铺

告乞颜部部众书

亲爱的牧民们，春天马上就要来了，肥美的牧草也离我们不远了。啊！感谢伟大的长生天的馈赠！

为了表示对长生天的敬意，春夏两季，请大家不要在白天下水洗澡，不要在河里洗手，不要用金银器打水，也不要在原野上晾晒衣物。如果有谁不听话，做了这些不该做的事，挨鞭子都是轻的，到时候可别怪我没提醒啊！

乞颜部首领也速该

第3期

公元1180年—公元1183年

草原英雄的崛起

成吉思汗卷

穿越报

CHUANYUE BAO

【烽火快报】

- 娶了个美丽的新娘

【叱咤风云】

- 找棵大树来依靠
- 孛儿帖被抢走了
- 铁木真救回了妻子

【名人有约】

- 特约嘉宾：脱里汗

【广告铺】

- 招冶铁学徒啦
- 从此后结成安答
- 我失散的家人，请回来吧

【智者为王】

- 第1关

穿越必读 CHUANYUE BIDU

苦难的少年时代过去了，月伦夫人开始为铁木真张罗娶妻的事宜。可是，经历了这么多变故，年少时定下的亲事还算数吗？铁木真将迎来一位怎样的妻子？他的生活将会发生什么样的改变呢？

娶了个美丽的新娘

——来自斡难河畔的加密快报

一晃几年过去了，铁木真从一个小男孩，长成了威风凛凛的男子汉，到了该成婚的年纪。

这天，母亲月伦对他说：“九岁的时候，你父亲给你定下一门亲事。现在这姑娘也长大了，人家重情义，没有因为咱们家没落了来退婚，你赶紧去把人家娶回来吧。”

铁木真一直记得自己的未婚妻孛儿帖，那可是美女中的美女啊！一听这话，他立即带着自己的弟弟，骑上马就往未来岳父家赶去。

德薛禅见到铁木真，激动得热泪盈眶，拉着他的手，说：“我听说你被泰赤乌人抓了，一直很担心呢，现在见你平安无事，终于可以放心啦！你的岳母和妻子也都很想见你。”

见了面，大家都很高兴。德薛禅当即给这对新人完了婚。几天后，铁木真带着新婚妻子回了家。丈母娘舍不得女儿，一直把他们送到铁木真家。

从此，铁木真一家就和和美美地过起日子来了。

找棵大树来依靠

铁木真成家以后，决定振兴父亲的基业。然而现实是残酷的。他一没有钱，二没有人，怎么办?

关键时刻，母亲告诉他，父亲生前有一位安答（即结拜兄弟），人称脱里汗，是克烈部的首领。而大家都知道，克烈部在草原上拥有很强大的势力。铁木真决定去寻求脱里汗的帮助。

但是要拜见长辈，总不能空手去吧，而且脱里汗地位显贵，见面礼还不能太寒酸。想来想去，铁木真找出了一件能拿得出手的礼物——黑貂皮袄。这还是铁木真娶妻的时候，岳母送给女儿的嫁妆。

见到脱里汗后，铁木真说："您是我父亲的安答，所以您就像我的父亲一样。现在我刚娶了媳妇，所以特地赶来，用这个黑貂皮袄孝敬您。"

脱里汗十分高兴，说："你放心，那些离开的部众，我会帮你找回来的。以后有什么困难，就来找我吧。"

脱里汗与铁木真结成了"父子之盟"！很快，这个消息就传遍了整个草原。有靠山就是不一样，很多人开始对铁木真刮目相看，纷纷前来投靠。铁木真的势力渐渐强大了起来。

与此同时，铁木真时时刻刻把义父记在心里，有什么好的猎物，总是第一个给义父送过去。慢慢地，这义父义子的关系，就越来越亲密了。

义父，送您一头牛。
当我叫花子啊！

义父，送您一匹马。
我可不差马！

义父，送您一件黑貂皮袄。
真是我的乖儿子啊！

孛儿帖被抢走了

铁木真和妻子孛儿帖恩恩爱爱地过了一段时间。

一天早上，天还没有完全亮，伺候月伦的老佣人就起床干活了。忽然，一阵奇怪的声响传来，她把耳朵贴在地面上，仔细一听，不好，是马蹄声，数量还不少。

她马上冲进月伦的帐篷，大声喊道："主人，赶快起来，有骑兵冲过来了，可能是泰赤乌人。"

月伦一听，马上爬起来，抱起小女儿就上了一匹马。铁木真

和其他人也赶紧起身，翻身上马，一起往山上跑。铁木真家一共只有九匹马，全都被人骑走了。

孛儿帖不小心落下了，没有马可骑，那个老佣人只好将她藏在牛车内，慢腾腾地往山上跑。

事实上，这次来的并不是泰赤乌人，而是篾儿乞人。二十年前，也速该从篾儿乞人也客赤列都手上抢走了人家的新娘，现在这帮人来报仇了。

牛车跑得慢，一会儿工夫，篾儿乞人就追上了她们，问："你是什么人？车上是什么东西？"

老佣人冷静地说："我是铁木真家的仆人，刚剪完羊毛，正要回家去。"

篾儿乞人又问："铁木真在家吗？他家离这里有多远？"

老佣人指了指帐篷的方向，说："不远了，我不知道他在不在家。"

篾儿乞人听了，就放过了她们，骑马向铁木真的帐篷冲过去。老佣人一点也不敢放松，拼命赶着牛车，可是没跑多远，车轴就断了。这时篾儿乞人又追了上来，把车上的羊毛一扒开，发现了躲在里面的孛儿贴。

与此同时，铁木真带着家人和朋友躲进了不儿罕山。山里有许多沼泽和树林，骑马走过根本不会留下痕迹。

篾儿乞人绕山转了三圈，见抓不住铁木真，就商量着："既然是为了报当年的仇，现在抓到了铁木真的妻子，也算是报仇了。"于是他们把孛儿帖带回了篾儿乞部，送给也客赤列都的弟弟做妻子。

过了一段时间，铁木真让人下山看了看情况，发现敌人已经撤了，这才走出来。

走出不儿罕山，铁木真百感交集，他认为这座山是一座神山，救了自己的命。于是把腰带解下来搭在肩膀上，把帽子摘下来拿在手上，举行了一次庄重的祭天大礼（即祭祀长生天）。

他说："这山上的沼泽和树林保护了我们，果实和清泉养活了我们。我将永远敬爱这神山，我的子子孙孙也会像我一样。"

铁木真躲过了这场灾祸，但他的妻子却被抢走了，那么，他会善罢甘休吗？

铁木真救回了妻子

新婚妻子被掳走了，铁木真心里既难过，又愤怒，决心给篾儿乞人点颜色瞧瞧。但他势单力薄，怎么办呢？想来想去，有能力又愿意出手帮这个忙的，就只有义父脱里汗了。

果然，脱里汗是个比较称职的义父，铁木真一说明来意，他就爽快地答应了，说："去年我们相见时，我就答应了要帮你，现在正是践行诺言的时候。"

一场大战是免不了了。

不过，光打还不行，必须要打赢，要给他们一个难忘的教训。但篾儿乞部实力强大，脱里汗也没有把握，于是提出要找另一个盟友相助，那就是札答阑部首领札木合。

札木合跟铁木真小时候经常在一起玩，并互赠信物，结成了安答。现在，他也成了一名首领，而且实力比铁木真强很多，因为他统领的是一个强大的部落。

兄弟被这样羞辱，做安答的能不管吗？札木合一口答应下来。

就这样，脱里汗出兵两万，札木合也出兵两万，再加上铁木真的部众，三方势力结成了盟军，约定在斡难河的源头会师。

可是，当铁木真和脱里汗的联军抵达会师地点时，札木合已经在这等了三天了。

札木合很不高兴，说："我们蒙古人是很遵守承诺的，约好了时间，就算是刮风下雨、翻山越岭也要及时赴约，你们居然迟到了三天！”

脱里汗连忙向他赔罪，因为札木合的实力比他还要强大，要想打胜仗，还得靠札木合啊！

紧接着，在札木合的指挥下，三支军队像旋风一样，扑向了篾儿乞部。

篾儿乞部不是一个小部落，它一共分为三股势力，居住在三个地方。其中抢走孛儿帖的那一部实力最强，首领叫脱黑脱阿，正是也客赤列都的哥哥。

“擒贼先擒王”，在夜色的掩护下，他们成功地突袭了脱黑脱阿的部队。遗憾的是，脱黑脱阿在这之前得到了密报，早就抛下他的部众，逃之夭夭了。

混乱中，铁木真骑着马，四处寻找孛儿贴的身影，呼喊她的名字：“孛儿贴，孛儿贴……”

正巧，孛儿帖也在四处寻找他。两人见了面，激动不已，立刻紧紧地拥抱在了一起。

父子、兄弟一家亲

为了夺回妻子，铁木真几乎耗尽了他全身的力气，他对妻子真是有情有义啊。这样有情有义的人，我也要去投奔他！

泰赤乌部牧民甲

克烈部牧羊人乙

这你有点夸张了，他是花了力气，不过他人手就那么点。打仗的时候，出力多的还是我们脱里汗和札木合。不过，大家都是一家人，互相帮忙也是应该的。

帮忙？帮忙也不是白帮的，没有好处的事谁去做呀？这次打完仗后，他们不但报了自己的私仇，得到了大量的人口、牲畜、财物，还宣扬了自己的名声，出的力一点都没白费啊！

牧羊人乙

乞颜部老牧民

那倒也是！不过他们还是有真感情的！分东西的时候，札木合提出三人平分，说来帮忙是为了情义，不是为了财物。为了表示感谢，我们铁木真将一条金腰带和一匹小马驹送给了他，他也回赠了铁木真一条金腰带和一匹白马。两人感情好着呢！

要不要离开札木合安答？

穿穿老师：

你好！你知道，札木合和我在十一岁时就结成了“安答”。上次他又帮我打败了篾儿乞人，这使我们的感情又加深了一步。我们还将各自的人马扎营扎到了一起，现在已经住了一年多，一直和和睦睦的。

可是前两天，我们一起去寻找新的牧场，他突然对我说：“铁木真安答，你看见了吗？如果靠山扎营，对牧马的人有好处；如果靠水扎营，对放羊的人有好处。”

我不太明白他的意思。孛儿帖说，这说明札木合已经厌烦我们了。因为我们羊多，马少；札木合羊少，马多。札木合是想和我们分开呢！她建议我离开我的安答，自谋发展。

其实，我也想自己单干，毕竟一直依附着他人也不是长久之计。而且，最近有不少人说要跟着我，我也不愿意让他们失望。穿穿老师，你觉得我该怎么做？

铁木真

铁木真：

你好。看到你日子越过越好，我真为你高兴。俗话说得好，“一山不容二虎”，依我看，你应该尽快离开他。你现在实力增强了，札木合心里大概会不舒服吧。而且我听说，他的部下有不少人觉得札木合脾气暴躁，你比他仁慈，都想来投靠你。所以，你们还是趁早分开吧。万一到时候撕破脸，就没意思了。

《穿越报》编辑 穿穿

【不久后，铁木真跟札木合决裂。不少人离开札木合，投奔铁木真，铁木真的实力从此大大增强。】

越越 大嘴记者

脱里汗 特约嘉宾

嘉宾简介：克烈部首领。13世纪的蒙古高原，涌现出许多英雄。克烈部的首领脱里汗就是其中一位。他与铁木真的父亲曾是一对感情深厚的安答，在铁木真最需要帮助的时候，他伸出了援助之手。在他的保护下，铁木真壮大了自己的力量。

越　越：大汗，您好！最近气色不错啊！碰到什么喜事了吗？

脱里汗：哈哈，那当然，我们打了胜仗，帮我儿铁木真出了口恶气。

越　越：那得了不少战利品吧。

脱里汗：不少不少！本来札木合要把战利品分成三份，每个人平均分点，但铁木真坚持不要，说我们帮了他大忙，他谢谢我们都来不及，怎么还能一起瓜分战利品呢？最后还是札木合坚持说有福同享，有难同当，他才勉强拿了一点。

越　越：真是实在人啊！

脱里汗：是啊，跟他父亲一样。

越　越：大汗，您当年和他父亲是如何结成安答的呢？

脱里汗：这个，说来话长了。我和他有着共同的仇人。我的祖父是被塔塔儿人害死的，我的父汗曾经也差点被塔塔儿人赶下汗位。

越　越：幸好没有赶下去，不然就轮不到大汗您了。

脱里汗：嗯，得了汗位之后，我是兢兢业业、勤勤恳恳，一心带领大家奔小康。谁知道我的叔叔菊儿汗居然公然造反，我只好带着人马转移到一个山谷里。

越　越：哦，然后就遇到了也速该？

脱里汗：不是。住在那附近的是篾儿乞部。

越　越：就是联军之前攻打的那

个部落？

脱里汗：没错。篾儿乞人都是些虚伪卑鄙的小人。我把女儿嫁给了脱黑脱阿，他却一点也没有帮我的打算。最后没办法，我才去找也速该帮忙的。

越　越：（有点晕）等等，我理一理。那脱黑脱阿是大汗的女婿咯？

脱里汗：哼，那又怎么样？女婿什么的都是假的，还不如也速该这个外人呢！

越　越：怎么说？

脱里汗：也速该一知道我的遭遇，就集合部队去攻打我叔叔，帮我夺回了汗位。后来，我们就结成安答了。我的好安答，这份情谊，我永远也不能忘记啊！

越　越：嗯，也速该确实让人敬佩。

脱里汗：虎父无犬子。他的儿子铁木真，我也很看好的。

越　越：看出来了。可是大汗的儿子桑昆好像不太喜欢铁木真。

脱里汗：唉！我就他一个儿子，这些年把他给宠坏了。头次见面，就没有给铁木真好脸色，还好铁木真懂事，不计较。

越　越：他会不会是因为大汗您老是称赞铁木真而嫉妒他啊？

脱里汗：嫉妒！怎么可能？我对他还不够好吗？我看，他就是心胸狭窄。

越　越：您这样说，他要是看到我们的报纸，会伤心吧！

脱里汗：（一拍桌子）伤心个屁！我说错了吗？

越　越：（冷汗直冒）冷静、冷静，脱里汗，咱们不说桑昆了。对铁木真，您怎么看？

脱里汗：铁木真这个孩子，将来一定会做出一番大事业的，作为他的义父，我现在给他点帮助，以后会得到更多的回报的。

越　越：大汗对他还真有信心啊！

脱里汗：（狡黠地眨眨眼睛）那当然。你真以为我帮他是因为也速该呀，我是看准了他的潜力。

越　越：果然，姜还是老的辣。

脱里汗：那是，嘿嘿。

越　越：好了，时间也不早了，谢谢大汗接受我们的采访，再见啦！

脱里汗：好，再见！（迫不及待地起身）我也要去看看我的战利品了。

广告铺

招冶铁学徒啦

好消息！著名铁匠札儿赤兀歹背着打铁的工具，带着他的儿子者勒篾来投奔我们了。要在草原上有立足之地，没有优良的兵器可不行啊。要是能学到他的本领，想要刀就有刀，想要箭就有箭，要想矛就有矛，这可不得了啊！现在老人家决定把他那套冶铁的技术传下去，有兴趣的小伙子，赶紧来拜他为师吧！

乞颜部冶铁中心

从此后结成安答

我们将仿效铁木真和札木合，在此结为安答。当年札木合送了铁木真一只鹿踝骨，铁木真送了札木合一个灌铜的踝骨。我们也将全都照做，以示对两位大英雄的敬仰。

乞颜部牧马童甲和牧马童乙

我失散的家人，请回来吧

尊敬的各位叔叔伯伯、大妈阿姨们，当年，你们抛弃了我，刚开始，我很生气，现在我想明白了，不能怪你们，因为你们也要生存。

如今，我正打算重拾父亲的基业，重铸当年的辉煌。希望各位能够回来，继续建设我们的大家庭！我保证，有肉大家一起吃，有酒大家一起喝，带领大家干一番大事业，让咱们一起过上前所未有的好日子！

铁木真

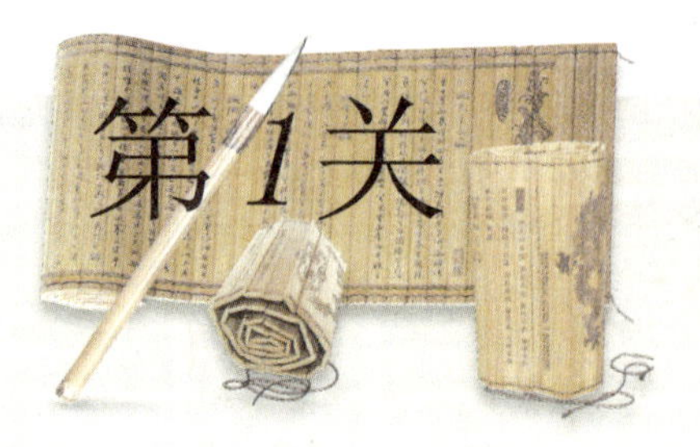

智者无敌 王者为大

1. 不儿罕山下的河流叫什么名字？
2. 那莫伦一家惨遭杀害，谁是幸存者？
3. 黄金家族是什么意思？
4. 五兄弟分家后，谁被迫离开了家？
5. 蒙古人最崇拜的神叫什么？
6. 金国是由哪个民族建立的国家？
7. 揪了金国皇帝胡子的人是谁？
8. 金国的都城在哪里？
9. 铁木真的母亲是谁？
10. 蒙古人信奉什么教？
11. 铁木真出生于哪一年？
12. 铁木真的父亲也速该是怎么死的？
13. 被称为神箭手的是铁木真的哪个弟弟？
14. 铁木真去追盗马贼，认识了哪个朋友？
15. 铁木真和脱里汗是什么关系？
16. 铁木真的安答是谁？
17. 在谁的帮助下，铁木真找回了妻子？

穿越报
CHUANYUE BAO

【烽火快报】
· 铁木真成了蒙古老大

【绝密档案】
· 萨满送来了及时雨

【叱咤风云】
· 十三翼之战，谁输谁赢
· 没有永远的朋友
· 杀只鸡给猴看

【名人有约】
· 特约嘉宾：铁木真

【广告铺】
· 欢迎宴会
· 讨伐塔塔儿部宣言
· 来自立汗大会的誓言

穿越必读 CHUANYUE BIDU

铁木真和安答札木合分开后，实力大增，于公元1183年被推举为蒙古乞颜部可汗。铁木真称汗引起了安答札木合的忌恨。札木合联合塔塔儿等十二个部落向铁木真发动了“十三翼之战”。铁木真虽不幸战败，却因此获得了人心，从此，他的英雄之路迈入了一段新的旅程。

铁木真成了蒙古老大

——来自兰湖的加密快报

来自兰湖的加密快报！

离开札木合后，铁木真带着手下迁到了阔阔海子（蒙古语，即青湖，位于今克鲁伦河上源）附近。

现在的铁木真跟之前比，简直是一个天上一个地下。在他的身边，聚集着许多支持者，其中还有不少重量级的大人物，如忽图剌汗的儿子阿勒坛、铁木真的叔叔答里台、堂兄弟忽察儿和撒察别乞等亲王。

自从第一个蒙古王国毁灭后，蒙古部落就成了一盘散沙，老被其他部落的人欺负，吃尽了苦头。现在，大家都强烈地希望有一位强有力的领导者，把大家统一起来，一起打仗，一起围猎，一起发财，共同创造美好生活。

本来，这里面最有资格当老大的人是阿勒坛，因为他是忽图剌汗的儿子。铁木真也真诚地推荐了这位叔叔，说："叔叔不但见多识广，而且英勇过人，完全可以当我们的可汗。"

阿勒坛却连连拒绝，说自己担当不起这个重任。

铁木真又推荐了其他人，可是谁也不接受。

最后，大家一致认为铁木真才是"可汗"的不二人选。于是，在众人的拥护下，铁木真当上了蒙古乞颜部的可汗。

这一年，铁木真二十二岁。

加密快报

萨满送来了及时雨

一个被追得到处逃窜的穷小子，居然飞上枝头，当上了蒙古可汗，这不得不说是个奇迹。

有消息透露，本来这个位置，大家也考虑过札木合。但札木合为人凶残，要是选了他，估计大家都没什么好果子吃。而铁木真不仅通情达理，处事公平，还有定国安邦之才，很靠谱。

当然，除了这些，有一个叫豁尔赤的萨满，在里面也起了至关重要的作用。

自从铁木真和札木合分开后，他领着一大帮人，过得一点都不轻松。这些人里，有贵族，有平民，有老部下，有新投奔来的；有求稳定的，有求发达的，真是乱哄哄的。

正在铁木真着急上火，嘴里冒泡的时候，豁尔赤来了。

他跟大家说："按道理，我是札木合的人，不应该离开札木合。但是天神显灵了，一头白色的牛向我传达了天神的旨意，要立铁木真为一国之主。所以，我特地来告诉大家。"

豁尔赤的话传开后，草原上的人们沸腾了，连天神都这么说了，那还等什么呢?

按照蒙古传统，只有贵族才具有推选首领和被推选为首领的资格。虽然贵族们都打着自己的小算盘，但见人心所向，也就顺水推舟，推选铁木真当大汗了。

当然，豁尔赤也从铁木真那里，得到了非常丰厚的奖赏。

神说，你会让我当万户官。
好的。

神说，你会给我三十个美女。
好的。

神说，你会让我当萨满顾问。
好的。

好兄弟！

你就是我的神啊！

新汗上任，放了几把火

铁木真做大汗了，从今以后，我会像警觉的老鼠一样保护他的财产；像勤奋的乌鸦一样为他聚集财物；像大汗的毡帐一样保护他的安全。我就是警觉的老鼠，我就是勤奋的乌鸦，我就是能抵御寒风的毡帐，我会保护他，让他冻不着，饿不着，不再受那风霜之苦。

牧民甲

牧羊人乙

这个大汗做事跟以前的大汗很不一样，你们看，他一上台就找了一帮对他忠心耿耿的弓箭手，做他的贴身侍卫。看来，他知道那些亲王并不是真心拥戴他，所以要建立一支对他特别忠诚的队伍啊！

先保护好自己，才能保护别人，才能保护部落，这没什么可说的。

我倒觉得他最厉害的地方是，让大家各司其职，放羊的放羊，牧马的牧马，做饭的做饭，打铁的打铁……而且还给每个岗位制订了严格的标准，比如，做刀的，刀要锋利得能够砍断铁甲；做箭的，箭头要能射穿多少张生牛皮……严格到这种地步，我可是闻所未闻啊！

牧羊人丙

老牧民丁

这个大汗我看选得不错。你看他重用的那些人，几乎都是平民和奴隶，这说明他用人不看身份，只看才能。而且他待人太好了，常常让手下穿自己的衣服，骑自己的马，这样的人，肯定善于治理国家！我看好他！

十三翼之战，谁输谁赢

铁木真当上可汗之后，马上派人向脱里汗和札木合传达这个好消息。

脱里汗听了很高兴，说："你们立我儿铁木真为可汗很好。我会一直支持他的。"

札木合却高兴不起来。他拼死拼活这么多年，都还没能称汗。铁木真倒好，一个连自己老婆都保护不了的人，因为自己帮他打了一仗，不但把自己的人拉走了一大半，还当上了可汗；现在这人还不够强大，等他强大了，自己的人不就都跑光了吗？

札木合越想越气，越想越恐怖，恨不得马上出兵把铁木真给消灭了。但是要出兵，就必须得有一个说得过去的理由，总不能无缘无故去攻打自己的安答吧。

很快，理由就出现了。这天，札木合的弟弟因为偷了铁木真部落的马，被一箭射死了。札木合得到这个机会，立即联合铁木真的仇人泰赤乌等部，带着三万骑兵，分作十三支分队，浩浩荡荡地杀向铁木真。

得到了这个消息，铁木真知道从这刻起，他们两个就像一个牛头上的两个犄角，再也不可能碰在一起了，于是匆匆忙忙集合了三万兵马，也分作十三支队伍，就像十三

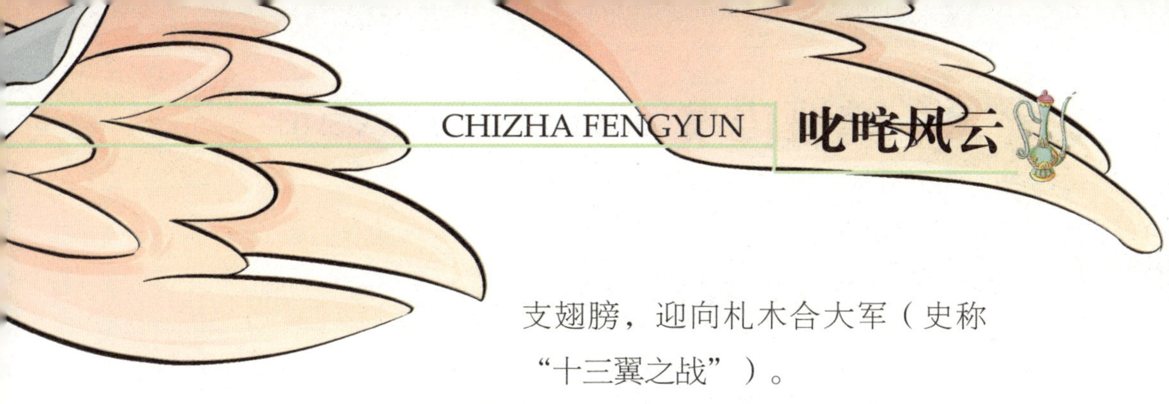

支翅膀，迎向札木合大军（史称“十三翼之战”）。

因为初登汗位，这十三支队伍中，铁木真能直接指挥的只有两支，分别由他和月伦夫人率领，其他各队由乞颜部贵族和其他氏族统领。

战斗在答兰巴勒主惕地区（今克鲁伦河畔）全面爆发了。

札木合有备而来，攻势猛烈。铁木真仓促应战，准备不够充分，再加上这是他第一次独立指挥大战，经验不足，不得不一边战一边退，最后退守到斡难河边的哲列捏大峡谷（今都图龙山以东山地一带）。

这个大峡谷四面环山，地势险峻，只有一个很窄的出口，易守难攻。

札木合没办法，只好放弃，说：“我们已经狠狠地教训了他，回去吧。”

为了威慑部下，同时对铁木真发出警告，班师回营前，札木合让人找来七十口大锅，当着所有人的面，把抓来的青壮年俘虏活活煮了，还砍下了一个人的头，系在马尾上，扬长而去。

战争的结果是，札木合明明打了大胜仗，却因为太残忍，失去了民心，实力大减；铁木真虽然打了败仗，却赢得了民心，实力大大增强，可以说是“虽败犹胜”。

该不该投奔敌人？

穿穿老师：

你好。老实说，打了这么多年仗，对死亡这件事，我早就习惯了。但是从来没有一次像这次这样触目惊心。这个札木合简直是个疯子！大家都很担心，担心他会随意杀害我们。

前几天我听说，有人外出围猎，遇到铁木真，铁木真主动询问他们有没有食物，有没有帐篷，还邀请他们一起围猎，并分给他们许多猎物。

我还听说，铁木真打起仗来，总是自己冲在最前面，或在后面断后。对投奔他的人，不管别人过去对他做了什么，他都不计较。

所以，我想离开这里，投奔铁木真，其他一些部落首领也有这个想法。你觉得他会欢迎我这个敌人吗？

兀鲁儿惕部首领 主儿扯歹

主儿扯歹：

您好！对札木合的恶行，我感到非常震惊。这样残暴的首领，还是赶紧离开他吧！如果您想投奔铁木真，我举双手双脚赞成！悄悄告诉您，跟着他，前途一片光明哦！

而且我听说，蒙力克也投奔铁木真了。蒙力克以前是铁木真父亲的心腹，可蒙力克却在他父亲死后，背叛他们，抛弃了他们，现在，他带着他的七个儿子又来投奔铁木真了，铁木真也没有计较，待他一如从前。

相信如果您去了，他一定会很欢迎您的。

《穿越报》编辑 穿穿

【战后，一大批部落首领离开了札木合，投奔铁木真。铁木真的事业蒸蒸日上。】

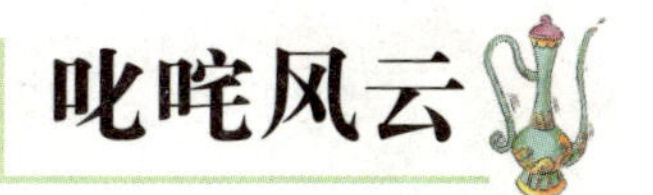

没有永远的朋友

大家都知道，铁木真有三个大仇家，一个是金国，一个是塔塔儿部，一个是泰赤乌部。

多年以来，塔塔儿部靠着金国这个大哥的支持，在草原上横行霸道。铁木真一直想找他们报仇，却因为实力不够强大，没找到机会。

工夫不负有心人。公元1196年，机会终于来了。金国派人找上门来，邀请铁木真一起对付塔塔儿部。

原来，塔塔儿部的实力逐渐壮大后，开始和金国作起对来，不久前还公然抢走了金国的战利品。

大金皇帝大怒，立刻派兵讨伐塔塔儿部。这会儿，塔塔儿部已经被打得退到了斡难河附近，也就是铁木真的眼皮子底下来了。

这可真是“天堂有路你不走，地狱无门你闯进来”。铁木真当即决定联合脱里汗和金国一起对付塔塔儿部。

塔塔儿人面对联军，不敢正面交战，只好退到森林里，砍树扎寨，苦苦挣扎。联军就像围猎野兽一样，步步紧逼，最后攻入寨中，杀了塔塔儿部的首领，大获全胜。

对这个结果，金国相当满意，立即封脱里汗为王爵（史称“王汗”），封铁木真为“察兀忽鲁”（相当于现在的部长）。

从此，铁木真也成了“大金朝廷命官”。

杀只鸡给猴看

打了胜仗，铁木真满载而归。照理，营里的老人和小孩都应该跑出来迎接，哪知迎接他的却是让人异常愤怒的一幕：老营被主儿乞部洗劫一空，五十人被剥去衣服，十人被杀。

主儿乞部跟铁木真作对，不是第一次了。

该部的两位首领撒察别乞和泰出也是蒙古王室的后裔，是亲王，按资历他们还是铁木真的长辈。虽然他们当初都大力推举铁木真为汗，但是心里却不怎么尊重他。

在一次盛大的宴会上，该部前首领的两位夫人故意找茬儿，说铁木真的司膳官（负责安排酒宴的人）没有先给她们斟酒，于是把司膳官鞭打了一顿。铁木真很生气，但是为了顾全大局，他忍了。

哪想到，宴席外面也发生了不愉快。铁木真的弟弟别勒古台在巡视的时候，发现主儿乞部有个人在偷铁木真的马缰绳，就将他当场抓住。

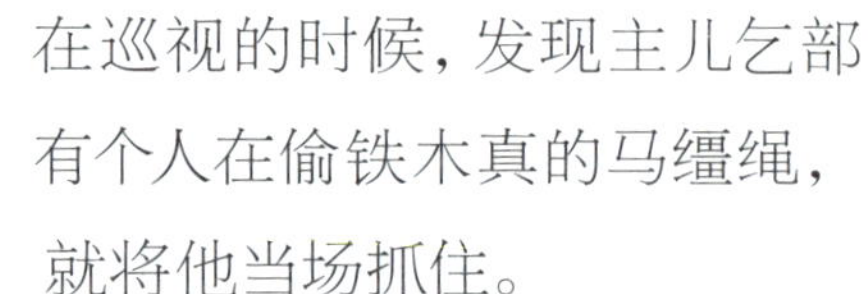

哪知主儿乞部的不里孛阔不但袒护那人，还同别勒古台扭打起来，砍了他一刀，血流不止。别勒古台性格敦厚，不想把事情闹大，没有吭声。

这一次，铁木真不想忍

了。他“呼”地一下站起来，冲到弟弟面前，怒吼道：“这种事你也能忍吗？”

别勒古台忙说：“没事，我伤得不重，他们都是刚来归附你的，不要因为我和他们伤了和气。”

可铁木真哪听得进去，这可是有关他威信的事！他随手捡起几根粗树枝，把惹事的那几个主儿乞人狠狠地揍了一顿，还把他们和那两个夫人给抓了起来。

虽然事后双方和解了，人也放了，但是彼此心里都不舒服。

在攻打塔塔儿部之前，铁木真也派人去通知了主儿乞部，毕竟那是他们共同的敌人。但是等了六天，也没等到主儿乞部出兵。

现在倒好，他们不但不听从可汗的命令去打敌人，还对后方的老人和孩子下毒手！好大的胆子，好卑劣的手段！

是可忍孰不可忍！铁木真怒了，后果很严重。他带着刚从战场上下来的部队，转头就向主儿乞部杀去。

撒察别乞和泰出知道对方是只大老虎，连面也不敢见，撒腿就逃。铁木真穷追不舍，硬是把他们给抓住了。

铁木真问：“你们拥护我为可汗的时候是怎么跟我说的？”

那两人没办法，只好说：“是我们违背了誓言，那就按我们说的做吧！”于是，铁木真毫不犹豫地把他们杀了。

连血统高贵的亲王都敢杀，这一下，所有的人都被震住了。人们开始意识到，期待已久的真正“狼王”出世了！

越越 大嘴记者

铁木真 特约嘉宾

嘉宾简介：蒙古可汗。在战事频繁的草原上，连生存下来都是一种奢望。而铁木真却通过个人的奋斗，从一个被人欺负的少年，成长为一方草原的霸主，不得不说，这是一次令人惊叹的“逆袭”。他和他的义父两人互帮互助，共同对敌，结成了草原上最坚实的盟友。

越　越：察兀忽鲁，您好！

铁木真：（正色）请叫我大汗，金国的这个官我并不稀罕！

越　越：也是，这个封号比王汗的封号低得多。看来在金国的眼里，王汗还是蒙古最强大的部落啊！

铁木真：金国怎么看我们，我无所谓。但凭一些徒有虚名的称号和一些玻璃珠子，就想哄骗我，痴心妄想！

越　越：不愧是可汗！上次采访大汗的义父王汗时，他说，大汗一定会干一番大事业的。果然不出他所料啊！

铁木真：义父对我恩重如山，我很感谢他。这次称汗，他也告诫我们，希望我们不要破坏盟约，不要撕破自己的衣领。

越　越：有这么个好同盟，你们一定会好上加好的。上次跟金国联手，你们那一仗打得真是漂亮，得了不少战利品吧。

铁木真：对我母亲而言，最大的战利品是从塔塔儿人那里得到了一个孩子。我母亲说他是个有根基的人，就将他收为养子，取名叫失吉忽秃忽（编者注：元朝建立后的第一任断事官）。

越　越：呃，那不是自己仇敌的孩子吗？

铁木真：哈哈，我们这里兄弟姐妹越多，势力就越强。按照我们蒙古人的习俗，在战场上捡到的无家可归的孩子，我们都要视为家人。我母亲一共收养了四个这样的孩子——曲出、阔阔出、失吉忽秃忽、博尔忽，他们都来自不同的部落。

越　越：嗯，相信他们一定会成为您最忠实的伙伴的。回到之前那个话题，这次大汗和义父，谁的战利品多啊？

铁木真：义父帮了我不少忙，作为儿子，肯定是不能让父亲吃亏的，是吧？

越　越：确实确实。但大汗也帮了他不少。听说要不是大汗，他说不定还在吃苦呢！具体什么情况可以麻烦大汗细说一下吗？

铁木真：每个人都有不顺的时候。我义父继承汗位后，有个弟弟投靠了乃蛮部，唆使他们来攻打我义父。我义父被打了个措手不及，就逃跑了。

越　越：逃跑……呃，这个，留得青山在，不怕没柴烧！

铁木真：对。那段日子他四处流浪，身边唯一的财产就是五只山羊和一头骆驼，最苦的是，没有人和他作伴，每天孤零零的……

越　越：太惨了。那大汗是什么时候知道的呢？

铁木真：大概一年后吧，我找到他的时候，他正在挤羊奶。之后，我把他接了回去，给了他一些牲畜和财物，过了几个月，又帮他夺回了汗位。

越　越：原来是这样啊！那要是没有大汗，他就是另一番处境啦。大汗现在算是跟他平起平坐了吗？

铁木真：不管怎样，他都是我的父汗。我会一直支持他的。

越　越：希望是美好的。不过我听说，上次大汗跟札木合又打了一仗，札木合战败后，王汗明知他是大汗的敌人，还收留了他。这个大汗怎么看？

铁木真：义父人老了，有点糊涂，不过他们一个是我义父，一个是我安答，我也不好说什么，暂时由他们去吧。我还有点公务要处理，采访就到这吧！

越　越：好的，大汗再见！

广告铺

欢迎宴会

最近，很多有识之士来投奔我，我很高兴，也很欢迎。三天后，我将在斡难河上游的密林举行盛大的宴会，大家若有时间可以前来参加，酒管够，肉管够。

铁木真

讨伐塔塔儿部宣言

勇士们，我刚收到一个好消息。我们的世仇——塔塔儿部被金国厌弃了，现在已经被赶到了我们的家门口。这是千载难逢的好机会，我们要抓住时机，报仇雪恨。勇士们，拿起你们的武器，骑上你们的骏马，跟我走！

铁木真

来自立汗大会的誓言

铁木真，我们的汗！我们愿做你的先锋，把最美的女人、最好的帐篷、最好的战马都献给你！如果我们违背了你，你可以没收我们的家产，砍下我们的头颅，离散我们的家人，把我们丢到荒无人烟的地方去！

乞颜部全体勇士

第5期
公元1184年—公元1198年

嫉妒与气度

成吉思汗卷

穿越报
CHUANYUE BAO

【烽火快报】
- 敌人的朋友，也是敌人

【叱咤风云】
- 挖个大坑自己跳
- 大战札木合，长生天显灵

【名人有约】
- 特约嘉宾：札木合

【广告铺】
- 告乃蛮部书
- 奖赏公告
- 反铁木真联盟成立宣言

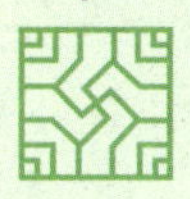

穿越必读 CHUANYUE BIDU

一山不容二虎，更何况是三虎。随着铁木真的崛起，他和义父王汗、安答之间的矛盾也日渐升级。在札木合的挑拨下，曾经深厚的父子关系岌岌可危。面对不是亲人胜似亲人的义父、安答，铁木真会做出什么样的反应呢？

敌人的朋友，也是敌人

——来自蒙古西部的加密快报

来自蒙古西部的加密快报！

公元1199年，篾儿乞部的脱黑脱阿（当初掳走孛儿帖的主谋）又一次逃跑了。这次，他逃到了蒙古西部的乃蛮部。

乃蛮部是蒙古高原上六部里最西边的一支，也一直是蒙古部的劲敌之一。刁蛮部虽然只是个部落，但已经有了文字和固定的官职，基本具备了一个国家的雏形。

前首领去世后，乃蛮部一分为二，一支由太阳汗统治，另一支由他的哥哥不亦鲁黑汗统治。脱黑脱阿就是被不亦鲁黑汗收留了。

收留敌人的人，就是敌人的朋友。敌人的朋友，就是敌人！

这是赤裸裸的挑衅！得到这个消息，铁木真很不高兴，立刻联合王汗共同出兵，向不亦鲁黑汗发起了进攻。

不亦鲁黑汗打不过，只好放弃根据地，逃入阿尔泰山区。联军紧追不放，最后在黑辛八石湖（今新疆乌伦古湖）附近追上了不亦鲁黑汗。

结果，联军大胜，不亦鲁黑汗带着少得可怜的牲畜和部众，逃到更远的地方去了。

加密快报

义父把我丢下，当牺牲品了

穿穿老师：

你好。前几天我们打了个大胜仗，这本来是大喜事。然而当我们联军扛着战利品，欢欢喜喜地往回走时，碰到了不亦鲁黑汗麾下的一员大将。

不过当时天快黑了，不方便打仗。更何况，将士们也要吃饭睡觉。于是，两军面对面扎好营，约好明天再打。谁知第二天一早，义父的营地中一个人影也没有，只剩下一堆堆已经冷却的篝火。原来，昨晚义父在夜色的掩护下已经悄悄撤军，走的时候，连个招呼都没有跟我打。

曾经待我恩重如山的义父，就这样把我丢下当牺牲品了。这让我觉得无比心寒。这一仗我还该不该打呢？

铁木真

大汗：

您好！被自己亲人抛弃的感觉确实不好受。不过，世界上有句话说得好，没有永远的敌人，也没有永远的朋友。

如今您的势力越来越强大，作为义父来讲，他心里肯定是高兴的。但您别忘了，他身后还有一个强大的部落。眼睁睁地看着一个不名一文的人，翅膀越来越硬，甚至到了和自己平起平坐的地步，他要是没有想法，也不可能。事到如今，你们已经成了对手，他想对付您，已经不是一天两天的事了。您多少还是防着他点吧。至于这一仗该不该打，您自己决定。

《穿越报》编辑 穿穿

穿越报编辑部

【伤透了心的铁木真，也没心思打仗了，立即带着部下走另一条路，马不停蹄地撤回了自己的营地。】

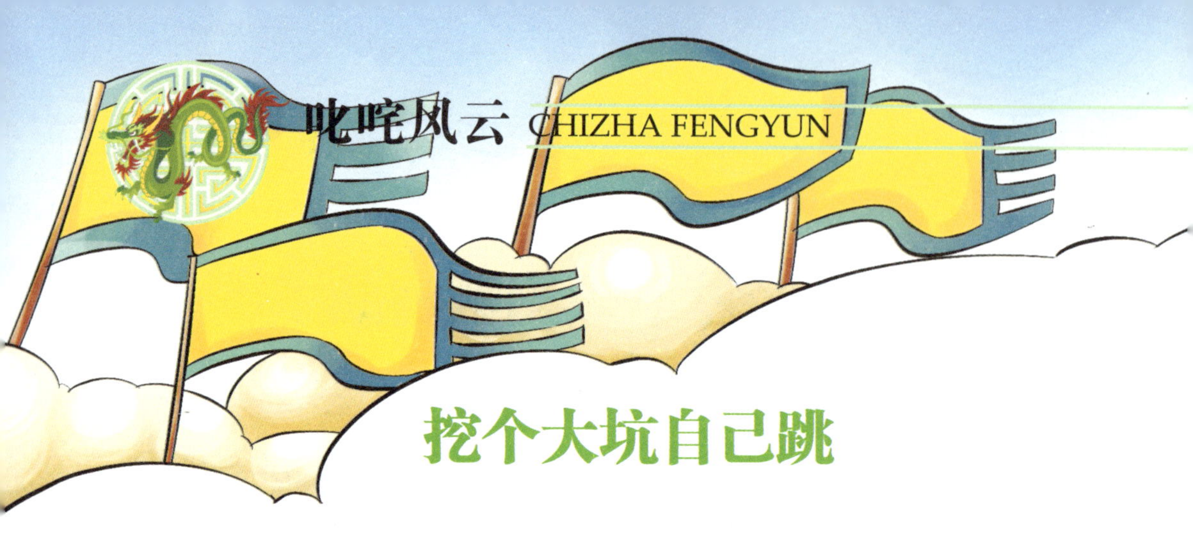

挖个大坑自己跳

铁木真刚回营地不久，王汗的信使就到了——竟然是来求援的！这是怎么回事？

原来，这次跟王汗一起出征的人，还有札木合。在班师途中，铁木真的部队总是走在后面，一直没有跟上来。札木合就使劲地在王汗耳边吹风，说铁木真与乃蛮人串通一气，要暗算他。

王汗本来就是一个没主见的人，经这么一唆使，便信以为真。

王汗的一个手下为铁木真抱不平，站出来说："你说这个话，有什么根据呢？你为什么要这么陷害你的安答？"

札木合听了这话，也不吭声。但王汗却心一硬，果真悄悄撤了军。

哪知道，退兵没多久，那个乃蛮的大将就跟了上来，发起突袭，把王汗包围了。现在的形势十分危急，不但失去了大量牲畜和财物，还被对方俘虏了不少人。不管王汗是轻信了他人，还是本来就对铁木真有意见，总之，这次他是给自己的义子挖了个大坑，可惜，他运气不好，把自己给坑了。

救，还是不救？

照理来说，义父先抛弃了自己，现在自食其果，没什么值得同情。但是，心胸宽阔的铁木真却当即派自己的"四杰"（博尔术、木合黎、博尔忽、赤老温），带着部队火速去支援。

而此时，王汗那边打得非常激烈，不仅王汗被包围了，就连他的儿子桑昆也被包围了。桑昆眼见打不过，打算撤军。不料，意外发生了，他的战马被一箭射伤，嘶鸣着将他掀倒在地。

乃蛮人一边嚷嚷着“抓住他”，一边拥了上去。

“四杰”赶到的时候，刚巧看到这一幕，博尔术毫不犹豫，骑着铁木真的爱马“灰耳朵”，一阵风似的冲了上去，救下了桑昆。

有了“四杰”的加入，战场上的形势急速逆转。乃蛮人一看敌人的战斗力瞬间飙升，急忙撤退。

虎口脱险后，想到自己之前的行为，王汗感慨万千，对铁木真说：“当初，你的父亲也速该曾帮过我，今天，你又帮了我一次，这份恩情，永世难报啊！”

铁木真很无奈，只好说：“您是我的义父，我救您是应该的。只希望您以后不要再听小人的挑唆，坏了我们的感情。”

王汗满口答应：“不会了，不会了。”

两人和好如初，至少表面上是一团和气，至于实际情况怎么样，还有待进一步考察。

铁木真帐下的勇士

听说博尔术救了桑昆，王汗送了他不少珍贵的礼物。可是，这博尔术不但不高兴，反而一回来，就跪在铁木真帐下，说自己有罪。这是怎么个说法？救了人反而有罪？

西夏行商

蒙古部牧羊人

救了人怎么会有罪？铁木真称汗后，组建了“箭筒士”队伍，博尔术和者勒篾都是这支护卫队的头头，要时刻保护铁木真的安全。他去领赏的时候，正在站岗。可是铁木真让他离开岗位，去王汗那里领赏。他说有罪，是指自己因为去王汗那里领赏，离开了岗位，失了职。

铁木真也太牛了吧。这个博尔术明明是奉了他的命令才去的，而且只离开了一会儿啊！我没别的可说了，对此，我佩服得五体投地。

汪古部牧马人

蒙古部牧民

不但是博尔术，我们大汗帐下这“四杰”，个个英勇善战，打起仗来，全都是一等一的好手。最关键的是，个个对大汗特别忠诚。

大战札木合，长生天显灵

眼看着铁木真和王汗又拧成了一股绳，势力也越来越强大，之前与他为敌的部落，比如泰赤乌部、塔塔儿部、篾儿乞部又怕他，又恨他，做梦都想着除掉他。

于是，他们再一次聚集在一起，打着反铁木真的旗号，召开了一次部落联盟大会。会上，他们一致推选札木合为可汗，号称古儿汗，意思是众汗之汗。

从这个称号可以看出，他们虽然因为有共同的敌人而走到了一起，但却并不是札木合的附庸。说白了，他们只是暂时合作。

为了显示他们的决心，也为了彰显联盟的神圣，他们举行了隆重的仪式，杀了一头牛、一只羊、一匹马，祭告天地后，才高举着战刀，向铁木真的营地杀了过去。

幸好，有人提前把这个消息告诉了铁木真。铁木真一得到消息，便赶紧联合王汗，点齐人马，迎战札木合。

作战之前，铁木真与王汗各自派了一支先锋队，到前面去打探敌情。

先锋队很快在阔亦田（蒙古语，位于辉腾草原）遇上了联军。这时已经是黄昏，虽然双方都叫嚣着要打一仗，但最后还是约定第二天再打。

打仗讲究天时、地利、人和。铁木真占据了有利地形，居高临下，很有优势。

札木合这边一合计，没有地利不要紧，我们可以有天时。原来，札木合手下有两个萨满，级别高，能力强，据说可以呼风唤雨。他们打算召来一场暴雨，把铁木真他们统统都浇成落汤鸡，到时候，他们再出兵，想不胜都不行了。

札木合大喜，连忙让他们开始作法。

两个萨满先端来一盆水，丢了几块石头进去，然后开始念咒语。神奇的事发生了，霎时间狂风大作，乌云密布，不一会儿，暴雨就劈头盖脸地下起来。

眼看着计谋要成了，札木合心里乐开了花。可惜，没等他笑出声来，突然风向变了，豆大的雨珠噼里啪啦地砸下来，没砸在铁木真的军队头上，反而全砸在了札木合联军这边。士兵们都被雨淋得睁不开眼睛，身上的铁甲沾了水后，又冷又重，像灌了铅似的。

铁木真一看，乐了。长生天显灵了呀！赶紧趁着札木合联军军心涣散，战斗力低下，带着军队冲杀了过去，没费什么事，就把他们打得落花流水。

声势浩大的札木合联军就这样一战而败，土崩瓦解了。

我们要召来大雨，淋死你。

下雨吧，下雨吧……

雨啊雨，你跑错方向啦！

冲啊……

越越 大嘴记者

札木合 特约嘉宾

嘉宾简介：札答阑部首领。他与铁木真曾经三次结为安答，和铁木真一样勇敢和顽强，一样有男儿血性。然而，当原本弱小的安答逐渐强大，他开始不甘心，一次又一次地向对方发起挑战。因为他知道，他们都是英雄，而天下，只能有一个英雄。

越　越：古儿汗，您好。

札木合：咳咳，记者同志，我还要赶路，有话快说吧。

越　越：呃，好的。有个问题草民一直想问大汗，大汗和铁木真两个都是英雄，又是安答，为何要内斗呢？

札木合：既然你也说我跟他都是英雄，那为何是他当汗，不是我当汗？论本事，我哪点比不上他？

越　越：这个……在这之前，大汗的实力比他强得多，为何没能当上呢？

札木合：还不都是那帮该死的亲王，就因为我的母亲只是个小妾，说我的血统不高贵，不让我当！

越　越：那人的出身是不可能改变的，照你们的说法，这是长生天的安排。不过，据草民所知，真正的原因并不是这个……

札木合：（眼睛一瞪）那是什么？

越　越：这个暂且不说。就说这次你们联军战败吧，大汗好歹也是他们的老大，军队遭了难，你不但逃了，还大肆抢掠了他们一把。这个是不是不够仗义呢？

札木合：一介书生，你懂什么！我们这里一向是弱肉强食，谁厉害谁就是老大。既然失败已经是定局，我何必把自己也搭进去，以后还有机会做老大吗？不如顺便捞一把来得实惠！

越　越：这个本人不敢苟同。不过，依草民对大汗安答的了解，他应该不会这么做。

札木合：哈哈……我这个安答呢，确实跟我想法不一样。但我们有一个想法是一样的，那就是统一蒙古，统一草原，统一天下！

越　越：嗯，在草民眼里，你们两个都是难得一见的大英雄！

札木合：可是大草原上只能有一个英雄，蒙古人也只能有一个可汗！不是铁木真，就是我札木合！

越　越：你们非要这样吗？别忘了你们是宣过誓的安答。

札木合：如果他记得那些誓言，那天晚上他为何不辞而别，还把我的人给拐走了呢？

越　越：据说是大汗不想跟他在一起？

札木合：据说？据他老婆说吗？我这个安答什么都好，就这点不好，对老婆言听计从。他老婆有什么根据那样说我？仅凭几句话就可以违背我们的誓言？那我们的感情也太脆弱了。

越　越：嗯，草民相信应该还有别的原因。

札木合：别的原因？那就是我札木合识人不明，手下一大帮不忠不义之徒！什么原因都是浮云，既然我们都希望自己才是那个统一蒙古、统一草原的汗，我们就只有成为敌人。这是长生天的安排。

越　越：那这就没办法了。铁木真身负深仇大恨，是不可能把汗位拱手相让的。

札木合：我也没让他让，让来的我也不稀罕。现在我不也是个汗吗？

越　越：勉强算吧。不过这个汗已经是个虚职了吧？联盟都已经散了。

札木合：（长叹一口气）唉，这次我们的萨满作法，明明就要成功了，结果却害了自己这边。看来长生天铁了心要站在我的安答那边了。好了，我不能再聊了，我得赶紧走了。

越　越：哦，好的。

（联盟解散之后，札木合投奔王汗，再次归到王汗帐下。）

广告铺

告乃蛮部书

据可靠消息，脱黑脱阿已经逃到了贵地。他是我们的仇人，希望你们能把他交出来，我们两部可以友好相处。但是，如果你们蓄意包庇，我们只好自己动手了，望你们好自为之。

铁木真

奖赏公告

这次我受困于乃蛮人，多亏铁木真派兵救援。其中，“四杰”之一的博尔术，于危急之下救了我儿桑昆。为表感谢，我将赠给他一件礼服，外加十只金杯。希望我部的勇士们，多多向他学习。

王汗

反铁木真联盟成立宣言

今天，我们在此成立反铁木真联盟。从此以后，有敌人一起打，有东西一起抢，并坚决贯彻执行以下三点。

一、我们的口号是：打倒铁木真！

二、我们的目标是：早日打倒铁木真！

三、我们的宗旨是：一切为了打倒铁木真！

古儿汗

穿越报

CHUANYUE BAO

穿越必读 CHUANYUE BIDU

打败札木合联军后，铁木真趁势追击宿敌泰赤乌部，结果不慎中箭，却因祸得福，收服了名将哲别。随后他整编军队，亲征塔塔儿部，报了血海深仇。然而随着实力的增长，铁木真与义父王汗却渐行渐远。

铁木真中箭了

——来自斡难河战场的加密快报

深夜，帐篷里静静地，没有一丝声响。铁木真昏睡着，他的护卫——者勒篾守卫着他。

这么多年来，铁木真第一次受这么重的伤。铁一般刚强、虎一样勇猛的铁木真怎么会受伤呢？让我们把视线转回战斗现场。

铁木真和王汗打败札木合联军后，就分头行动，追杀四散逃跑的敌军。王汗去追札木合，铁木真则顺着斡难河，追击自己的宿敌泰赤乌部，一直追到河对岸，两军才对上阵。

仇人见面，分外眼红。两方摆开阵势，大打出手。

铁木真本身打仗就很猛，再加上有箭筒士在，打得那叫一个痛快。混乱中，不知道从哪儿飞来一箭，铁木真赶紧把头一偏，可是箭的速度实在太快，他没能躲过去，被射中了脖颈。

脖颈中箭，一般人早就受不了了，铁木真却忍着剧痛，坚持杀敌。

一直打到天黑，仗还没打完。双方于是约好明天再战。

然而，刚回到帐篷里，铁木真眼前一黑，晕了过去。

忠诚的守卫者勒篾

脖子受伤可不是开玩笑的，一不小心，可能就一命呜呼了。因为这箭不拔出来不行，可要是拔出来了，血流不止的话，那也是个死。

怎么办?

关键时刻，者勒篾冒险拔出了这支箭，又按照医生的方法，用嘴帮铁木真吸出伤口里的瘀血。

处理了伤口和瘀血，铁木真感觉好多了，过了一会儿，他迷迷糊糊地醒过来，说："渴，要喝水。"话才说完，又晕过去了。

这下者勒篾为难了。大半夜的去哪儿找水啊，不如去敌营找点儿马奶来。

者勒篾把衣服脱了，只穿着一条小短裤，趁黑摸进敌营。他找了一圈，没有找到马奶，只找到了一桶酸奶。得了，有总比没有强吧，他就提着这桶酸奶跑回来了。

铁木真喝了酸奶，醒过来，看了看周围，问："这些血是怎么回事？"

者勒篾说："您受伤了，这是我帮您吸出来的瘀血。"

铁木真点点头，又想到自己喝了酸奶，问："酸奶是从哪里找来的？"

者勒篾说："我去敌营找来的。"

铁木真一听，脸色变了，问："万一你被人抓住，不是会让

敌人知道我受重伤了吗？”

者勒篾不慌不忙，说：“要是我被抓住，我就说我本想去投奔他们，却被您发现，把我的衣服都扒了，还打算杀了我。我好不容易逃出来，命都差点丢了。这样一来，他们就不会怀疑我了，以后我再找个机会跑回来就行了，绝对不会给您带来麻烦。”

铁木真听了这话，非常感动，动情地说：“当初篾儿乞人偷袭我的时候，你就救过我。这次你帮我吸瘀血，又救了我。接着你去敌营为我找来了酸奶喝，又救了我一次。这三次大恩，我会永远记在心里！不止是我，我的子子孙孙都会记着的。”

有这么忠心耿耿的护卫，铁木真放下心来，好好地休息了一夜。

我是人才，你敢用吗

第二天，铁木真恢复了一些，准备一举歼灭泰赤乌部，可是等他来到敌营，才发现人家已经跑了，只留下一些拖儿带女跑不动的普通百姓。

不过铁木真没有杀他们，而且不计前嫌，亲自招待他们，对他们跟对自己的部众一样好。

这种宽容仁厚的做法，吸引了越来越多的人前来效力。其中就有一个叫只儿豁阿歹的神箭手。

只儿豁阿歹见到铁木真，开门见山地说："阔亦田大战的时候，我射死了你的一匹宝马，你脖子上这一箭，也是我射的。我看出来札木合成不了大事，就诚心来投奔你。如果你敢用我，我会赴汤蹈火，在所不辞。"

铁木真一听，不但不生气，反而很高兴。他说："一般来归降的人，都会隐瞒过去。没想到你居然主动承认射伤了我。你这个人不但有高强的本领，还有高贵的品质，我很欣赏，以后你就跟着我吧。你的箭术这么高明，我给你改个名字，就叫哲别吧。"

在蒙古语中，哲别是箭的意思。从此，只儿豁阿歹就改名为哲别，死心塌地地为铁木真效命。

没错，你的马是
我射的。
你……

没错，你的脖子也是我射的。
……

不过从今以后，我愿意为你效
命……咦，你刚才想说什么？
哈哈，我想说……
射得好。

绑了塔儿忽台作见面礼？

穿穿老师：

你好。我是泰赤乌部首领塔儿忽台的随从。前不久，跟铁木真打了一架后，塔儿忽台就带着我们连夜拔营逃跑了。

这段时间，我们整日提心吊胆，东躲西藏，生怕被铁木真抓住。我觉得这样下去也不是办法，听说铁木真正在招纳人才，就跟两个儿子商量，干脆绑了塔儿忽台，献给铁木真，去投奔他算了。

下定决心后，我们就趁塔儿忽台不注意，把他绑了，骑着马往铁木真的营地跑。

快要到铁木真的大营时，我突然想到，铁木真这个人很重情义，我们这样做，很可能不但不能得到赏识，反而会丢掉脑袋。所以，我想把塔儿忽台放了，直接去投奔铁木真。穿穿老师，你觉得呢？

无名氏

无名氏：

你好。我很赞同你的想法。如你所说，铁木真的确是个重情重义的人，肯定不能接受这种卖主求荣的做法。同时，他也是个胸怀宽广的首领。所以，没有见面礼不要紧，只要有足够的诚意就行。

《穿越报》编辑 穿穿

【后来，这个随从把塔儿忽台放了，带着两个儿子前去投奔，果然得到铁木真的赏识。】

找塔塔儿人报仇

战争结束后，铁木真派人去联系王汗，打算跟他商量接下来的安排。谁知王汗早就带着战利品拔营走了。

原来，王汗在一条河边追到了札木合，札木合走投无路，向他投了降。王汗一高兴，就带着札木合回去了，哪还记得铁木真？

这下铁木真就有意见了：你打完仗，说都不说一声就走，这就算了。札木合是我的仇人，你怎么能收留他呢！

别勒古台安慰他说："哥哥，你也别气了。王汗本来和我们就不是一条心。反正我们现在实力也有了，不如去追击塔塔儿部，彻底灭了他们，为父亲报仇。"

铁木真一想也对，人都跑了，不如把精力放到敌人身上。

为了彻底歼灭塔塔儿部，出征前，铁木真宣布了两条军令。

第一条：打仗的时候，要专心打，不能抢劫财物，打完之后，大家再来分战利品。

第二条：要听从主帅的号令，不能私自后退。需要后退的时候，要听到命令再退，而且一定要退回原地。退回原地之后，还要不惜代价再杀回去。凡是退回来不继续冲上去的人，斩！

这两条军令可以说是为蒙古军队量身定做的。原来，蒙古高原上的骑兵虽然每个人的战斗力都不低，但他们有两个大缺陷。一个是抢劫财物。除了献给首领的东西以外，他们一直坚持"多抢多得，少抢少得，谁抢谁得”的原则，打着打着就专心抢东西去了，这仗还怎么打?

还有一个是搞小团体。每个大部落都是由许多小部落组成的，打仗的时候，士兵们只听自己部落的头目指挥，想冲就冲，想退就退，完全没有合作观念，这样也不能把仗打好。

而铁木真的两条军令，正好弥补了这两个缺陷。军令一发布，这支军队就往正规军的方向发展了，实力得到了大大提高。

公元1202年，一切准备好后，铁木真对塔塔儿人发起最后一击。

塔塔儿部原本依附金国，实力强大。但后来他们反叛金国，金国联合王汗和铁木真共同讨伐，遭到重创。前一阵他们加入了札木合联盟，又一次被铁木真打败，实力已经大不如前了。这次，两军一对上，谁强谁弱便一目了然。

没多久，塔塔儿部就被打得溃不成军，乖乖投降了。

最后的战斗

仗打完了，东西该分的也都分了，只剩一件事没做，那就是处置投降的塔塔儿人。

塔塔儿人是铁木真不共戴天的仇敌。他们不单单害死了俺巴孩汗，更是直接毒害了铁木真的父亲也速该。铁木真悲惨的少年时代，也可以说是被他们害的。对这样的仇人，就算杀一万次也不为过啊。

但是铁木真没有马上动手，他把亲信都叫来，开了个集体讨论会，最后决定：把超过车轴高的男子全部杀掉，剩下的人做奴隶。

铁木真说："既然决定了，那我们今晚就行动。大家一定要注意保密，不要让塔塔儿人知道了，免得他们反抗，给我们添麻烦。"

本来事情安排得好好的，却不料还是泄露了消息。

别勒古台开完会，走出大帐，碰到了一个塔塔儿人首领——也客扯连。

也客扯连好奇地问："你们开会都说了些什么？"

别勒古台不知怎么回事，脑子一

抽，把会议上的决定一五一十地对也客扯连说了。

这还得了，也客扯连赶紧跑回去，把大家组织起来："大家听着，我得到消息，铁木真已经下令，要把我们超过车轴高的男子全部杀掉。这是要把我们塔塔儿人灭族啊，我们绝对不能坐以待毙，就算死也要拉几个垫背的。"

众人商量了一阵，决定全部退到山上去。

夜里，铁木真的士兵气势汹汹地跑来杀俘虏，结果发现营地里空荡荡的，一个人也没有，便猜到他们都躲到山里去了。但是天黑林密，想找人也不容易，只能等天亮了。

这一夜的时间，塔塔儿人一刻也没消停，他们在为第二天的战斗做准备。

没有武器，没关系，随身带着的小刀也算上；没有防御工事，没关系，山上有很多树，砍了建寨子就行。就这样，他们把能做的都做了，只等着最后一战。

这一仗打得昏天黑地。铁木真的士兵如狼似虎，下手毫不留情。塔塔儿人则抱着必死的决心跟敌人拼命。反正都是死，能杀一个算一个，杀了两个还有得赚。

最后，虽然这些塔塔儿人都被消灭了，但铁木真的军队也付出了惨重的代价。

一对儿姐妹花

解决个俘虏，竟然损失了这么多勇士，铁木真怒火中烧，把别勒古台狠狠骂了一顿，还剥夺了他参加重要会议的权利，最后说："你把那个也客扯连抓来，算是将功补过。"

别勒古台心中愧疚，二话不说就找人去了。可是找了半天，也没找到也客扯连，只找到他的女儿也速干。

也速干是塔塔儿部有名的美女，被抓后，不吵也不闹，一副柔柔弱弱的样子，十分惹人怜爱。

铁木真一看，不忍心杀她，就问："你父亲犯了大罪，现在大概已经死了，你恨我吗？"

也速干赶紧跪下，诚恳地说："是我父亲自己不好，本来就是我们塔塔儿人对不起您。"

不错，人长得美又明事理。铁木真更加喜欢她了，就让她做了自己的夫人。

过上了好日子，也速干也高兴，但是她还惦记着自己的姐姐，就对铁木真说："可汗，我姐姐也遂不久前成了亲，这次打仗，也不知道流落到哪里去了。"

铁木真大手一挥，说："我派人去把她找回来，到时候，你们两姐妹都跟着我吧。"

很快，也遂被找到了，这姐姐长得比妹妹还美，铁木真一高兴，把她也娶了。从此，这一对儿姐妹花就一直跟随着铁木真。

王汗为人太不厚道

铁木真把塔塔儿人彻底消灭了，接下来就要轮到篾儿乞人了吧。当年他们可是抢了铁木真的妻子，夺妻之恨，怎能不报？

蒙古部牧羊人甲

茶馆小二

那是必须的！不过听说王汗已经抢在前面出手，把篾儿乞人基本上都消灭了，只剩他们的首领脱黑脱阿还没死，不知道逃到哪里去了。

是啊，铁木真知道这个消息后，那脸色别提有多难看了。这也难怪，他每次打仗得了好东西，都会送一些给王汗。但是王汗这次打篾儿乞人，别说战利品了，连招呼都没打，铁木真能不黑脸吗？要是我，我也生气。

乞颜部勇士

西夏商人

王汗也确实太不厚道了，还义父呢，他做的那些事，够气死人八百回了。估计铁木真也忍他很久了，总有一天会爆发的，看来草原上还有仗打。

越越 大嘴记者

阿勒坛亲王 特约嘉宾

嘉宾简介：阿勒坛，忽图剌的儿子，铁木真的堂叔，曾和其他亲王一起推举铁木真为汗。阿勒坛仗着自己辈分高，表面上尊重铁木真，心里却不把他当回事儿，且明目张胆地违反军规，最终受到了铁木真的处罚。

越　越：阿勒坛亲王，您好！咦，亲王看起来好像不太高兴啊。

阿勒坛：哼！能高兴得起来吗？别人都在分战利品，我辛辛苦苦打仗，却什么也没捞到。

越　越：亲王说的是和塔塔儿人的战争？铁木真不是下了军令，说打完仗一起分东西吗？

阿勒坛：是这样的。但是我凭什么要听他的，我是他的长辈，他还得叫我一声叔叔呢。而且，这么多年以来，我们都已经习惯一边打仗，一边抢东西，我……

越　越：哦，总之就是亲王违反了军令。

阿勒坛：不止是我，还有答里台和忽察儿，他们一个是铁木真的亲叔叔，一个是他的堂兄弟。可我们是普通人吗？不就是抢点东西吗？至于搞得那么难看吗？

越　越：有多难看？

阿勒坛：他派手下人来把财物都夺回去了，还说要军法处置我们。啊！气死我了。要不是大家求情，说不定他就真把我们杀了。

越　越：呃，草民说句公道话。铁木真就算真的把你们杀了，也没有错。亲王您想，就因为你们是他亲戚，违反了军令，就不用处罚，那部下们一定会觉得他徇私枉法，一个个心怀不满，到时候可就坏事儿了呀。

阿勒坛：我不管这些！我只知道他当了大汗，就不把我们这些长辈放在眼里了，这口气我怎么也咽不下去。

越　越：那……亲王打算怎么做？

阿勒坛：（瞟了越越一眼）这个，你就不要管了，免得你去告密。

越　越：啊？呵呵，怎么会呢。那不说这个了，当初推举蒙古可汗的时候，亲王怎么不自己上呢？据草民所知，在那些有资格称汗的首领中，亲王可是排在第一位的呀。

阿勒坛：唉，我还是有自知之明的。要是我有那个能力，也不会这么多年都只是一个小部落的首领了。

越　越：亲王也不要妄自菲薄嘛！

阿勒坛：这倒不是妄自菲薄。当初我推举铁木真，是觉得他做事靠谱，打起仗来也有一套。我们就是想找个厉害点的老大，带着大家伙去围猎、打仗，总之就是一起发财啦。

越　越：原来是这样。那亲王觉得他这个老大当得怎么样？

阿勒坛：还好，自从他上台后，蒙古部是变得越来越强大了，最重要的是，我们也跟着发了财。

越　越：亲王觉得只要能发财就好了吗？

阿勒坛：可以这么说。只要能享受荣华富贵，谁做这个汗又有什么关系呢，是吧！

越　越：亲王倒是看得明白。

阿勒坛：嘿嘿，那是。（脸色一变）可是他千不该万不该，不该让我这次这么丢脸。我真是越想越气。行了，不说了，我跟别人约好了有大事商量呢。

越　越：（超级好奇）是关于铁木真的吗？

阿勒坛：（板起脸）我说了，这不是你该知道的。哼！（甩手走人了）

（不久后，阿勒坛亲王和答里台、忽察儿一起投靠了王汗，加入了与铁木真作对的行列。）

广告铺

告归降百姓书

各位泰赤乌部的乡亲父老们，过去的事就让它过去吧，不必再提了。我们都是草原的儿女，只要你们诚心归顺，我铁木真一定会好好待你们。让我们摒弃前嫌，共同开创草原的美好未来吧！

铁木真

欢迎大家来喝喜酒

我是泰赤乌部的牧马人边巴，前不久，我哥哥强巴在战斗中牺牲。我是他唯一的弟弟，因此，我将继承他的全部财产，包括嫂子卓玛。我与卓玛的婚礼将在后天中午举行，到时欢迎大家前来喝杯喜酒。

牧马人边巴

扎西多吉的天葬通知

昨天下午，我们的亲人扎西多吉不幸因病去世，将于明天在土兀剌河边举行天葬仪式。届时请各位亲朋好友准时参加。

王汗

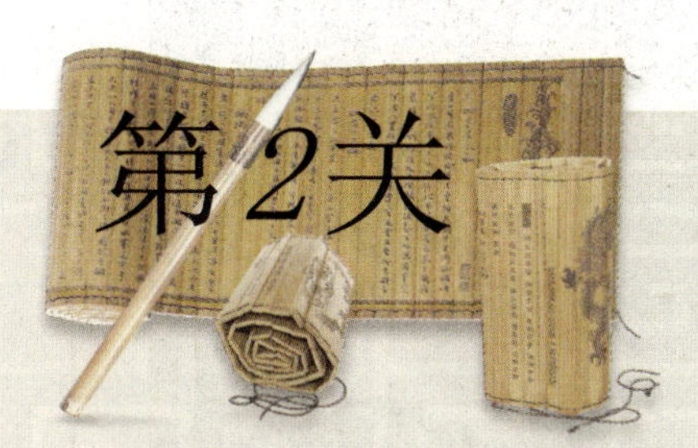

第2关

智者无敌 王者为大

1. 铁木真多少岁当上了蒙古部的可汗？
2. 十三翼之战的双方分别是谁？
3. 十三翼之战的导火索是什么？
4. 扎木合的部下为什么要投奔铁木真？
5. 铁木真当过哪个国家的“察兀忽鲁”？
6. 脱里汗和王汗是同一个人吗？
7. 太阳汗是哪个部落的首领？
8. 铁木真手下的“四杰”分别是谁？
9. 古儿汗是谁？
10. 古儿汗是什么意思？
11. 萨满真的能呼风唤雨吗？
12. 札木合为什么老跟铁木真作对？
13. 在和泰赤乌部作战时，铁木真被谁一箭射中了脖子？
14. 塔塔儿部人投降后，铁木真打算怎么处置他们？
15. 铁木真的两位塔塔儿夫人分别是谁？

穿越报

CHUANYUE BAO

【烽火快报】

· 札木合的诡计

【叱咤风云】

· 桑昆要摆鸿门宴
· 吃羊脖子有风险
· 红柳林恶战
· 铁木真的完美反击

【名人有约】

· 特约嘉宾：铁木真

【广告铺】

· 班朱尼河边的誓言
· 奖励巴歹和乞失里黑

穿越必读 CHUANYUE BIDU

桑昆的嫉妒，再加上札木合的挑唆，使得王汗和铁木真彻底决裂。经过一番艰苦的战斗，铁木真最终打败了王汗，得到克烈部大量的人口和财物，实力也大大增强。他统一草原的霸业，又向前迈出了一大步。

札木合的诡计
——来自克烈部的加密快报

据本报记者观察，王汗虽然对铁木真做了很多不厚道的事，但他还没有做好跟铁木真彻底翻脸的打算。

一来铁木真作为义子，对他这个义父确实还不错，二来要是真打起来的话，王汗也没有稳赢的把握。

但自从札木合来了后，局面就变得有些超出王汗的掌控了。

谁都知道，札木合这辈子最想打败的人就是铁木真，而王汗的儿子桑昆也一直嫉妒着铁木真。

“真是天助我也”，札木合心中窃喜，心想，“只要煽动桑昆那个傻小子，王汗就算想不跟铁木真翻脸都不行了。”

亲爱的铁木真安答，等着我，咱们之间的战斗还没完！

公元1203年春天，札木合集结了一帮叛将，其中有阿勒坛、答里台、忽察儿等人，准备去桑昆跟前煽煽风、点点火。

刚刚平静一点的草原，仿佛又飘来了战争的味道。

加密阅读

桑昆要摆鸿门宴

札木合带着一批叛将，来到桑昆的驻地，对他说："铁木真口头上叫王汗义父，其实根本没把他当一回事。据我所知，他已经跟乃蛮部勾结起来，打算吞并你们克烈部。如果你要攻打他，我愿助你一臂之力。"

阿勒坛等人也在一旁煽风点火说："札木合说的是真的。如果你出兵，我们都愿意帮你。"

桑昆本来就看铁木真不顺眼，被札木合一挑唆，当即热血沸腾，决心除掉铁木真。

桑昆派人跟王汗说了这事，可王汗不相信，回话说："你不要听札木合的。铁木真是我的义子，好几次都救了我，他不会背叛我，你以后不要再说这种话了。"

桑昆不甘心，亲自跑过来劝："你不相信札木合就算了，可是铁木真的叔叔阿勒坛亲王也是这么说

的，你总该相信他吧。”

听了这话，王汗有些动摇了。他叹了口气，说：“我年纪大了，想平平安安地过上几年，你好自为之吧。”意思是既不支持也不反对。

得到父亲的许可，桑昆高高兴兴地回去了，和札木合一帮人商量怎么除掉铁木真。想来想去，还真让他们想到了一个好办法。

原来，之前铁木真为了保持盟友关系，想亲上加亲，让两部的关系更牢靠，于是派人到克烈部为长子术赤和女儿求亲。

但求亲的人一上门，就被桑昆拒绝了。桑昆认为铁木真地位低下，不配和他做亲家，和王汗结盟也是为了赢得王汗的信任，想骗取克烈部的继承权。

桑昆还傲慢地说：“我们家的人嫁过去，降低了身份，只能像仆人一样站在门后。他们家的女儿嫁过来，却抬高了身份，像贵妇人一样面朝南而坐。我绝不答应这亲事。”

得到这样的回答，铁木真挺伤自尊的，因此失落了很久，和王汗的关系也冷淡下来。

而如今，桑昆和札木合想出的办法就是利用这门亲事，先假装同意联姻，然后摆个“鸿门宴”，把铁木真干掉。

那么，桑昆的鸿门宴会成功吗？本报记者将继续为您跟踪报道。

吃羊脖子有风险

接到桑昆同意结亲的信，铁木真很高兴，带了几名随从，骑马就往桑昆的营地赶去。他去干什么呢？吃羊脖子啊！

原来，草原上的人结亲，都要吃羊脖子。因为羊脖子上的骨头最紧密，吃了就表示亲家之间的关系也会变得非常紧密。

路上经过蒙力克家时，铁木真打算歇歇脚，喝杯酒再走。

蒙力克殷勤地招待了他，问道："大汗，您要去哪里啊？"铁木真就把事情原原本本地说了一遍。

蒙力克毕竟是老江湖，一听就说："大汗，这事不对劲，不能去。"

铁木真纳闷了，怎么就不能去呢？蒙力克分析说："您想，桑昆原本拒绝了这门亲事，还说了那么伤人的话，怎么可能突然就想通了呢？依我看，他分明是要害大汗。要是大汗觉得我说得不对，可以先派两名手下去探探虚实。"

有道理啊！铁木真一听，也不敢冒这个险了，就派两名手下先去参加宴会，自己留在蒙力克家等消息。

铁木真这一等，没有等来自己的手下，却等来两个通风报信的牧马人。原来，桑昆见只有两名铁木真的随从来赴宴，知道事情可能败露了，因此决定第二天就出兵，打铁木真个措手不及。

铁木真大吃一惊，心想这羊脖子果然吃不得，他立即返回营地，召集人马，准备迎战。

您想吃什么？
羊脖子。

真的？
真的。

那先把你的脖子拿来！

这羊脖子果然吃不得！

札木合的心思，你别猜

穿穿老师：

你好！我是札木合。这些年，我跟铁木真也打过几仗，可惜都输了。我承认打不过他，因此我想找更厉害的人来对付他，于是就找到了王汗。

我本来想，王汗怎么说当了那么多年可汗，也算是个有本事的人，让他对付铁木真正好。没想到，等他俩终于要开战的时候，王汗居然让我来指挥作战。

这说明什么？说明他心里没底，说明他懦弱无能。他儿子桑昆更是个蠢货。要是让他们打败了铁木真，那岂不是显得我札木合更蠢、更无能？

我打算给铁木真安答报个信，然后离开克烈部。穿穿老师，我是不是很聪明？哈哈。

札木合

札木合：

您好。您这个人啊，一会儿一个主意，简直就跟变色龙似的，我已经不知道该说什么好了。总之，您就按照自己想的去做吧。祝您打败铁木真这个梦想成真！

《穿越报》编辑 穿穿

【札木合果然把克烈部的兵力情况告诉了铁木真，然后投奔乃蛮部去了。】

红柳林恶战

战斗在一片红柳林附近打响了。

王汗的先锋军分为四个梯队，每个梯队的人数都不少，战斗力也很强。但铁木真的军队也不是吃素的，来一队打败一队，来两队也照打不误。

两军打了大半天，王汗不但没有打败铁木真，还隐隐处于下风。这可不得了，桑昆在旁边看着，急得不行。他实在忍耐不住，就带着几队骑兵冲了上去。

不得不说，桑昆的运气实在是差了点儿。他才冲了没多远，迎面射来一箭，当即就从马上摔了下来。

一旁的克烈部士兵见了，赶紧冲过去，七手八脚地把他抬了回去。这时大家都打了一天了，累得不行，就约好先收兵，明天继续。

第二天，天刚亮，双方又开打了。

两边人马都不弱，打了几十个回合，还没分胜负。

不过与王汗的军队比起来，铁木真这边的人数毕竟少了点，渐渐

地有些吃力，几员大将，包括铁木真的三儿子窝阔台都被困在战场上，而王汗的大军眼看着就要冲过来了。

怎么办？难道要输了吗？

就在这千钧一发之际，只听“啊”的一声惨叫，桑昆又被箭射中了，这一次正中腮帮子，倒霉的桑昆又从马上掉了下来。

克烈部的人只好又拼命去救他。

王汗就这么一个独生子，平时宝贝得很，这时见他又受伤了，心疼得不得了，仗也顾不得打了，赶紧下令撤兵。

铁木真这边也撤了兵，一清点人数，发现博尔术、博尔忽还有他的三儿子窝阔台都不见了。

铁木真急了，马上派人去找。

很快，他们找到了博尔术。但是博尔术并没有跟另外两人在一块儿。大家正要继续找，忽然看到博尔忽和窝阔台共骑一匹马，慢慢地走了过来。原来窝阔台也中箭了，幸好博尔忽及时为他疗伤，才保住了他的性命。

感谢长生天，大家总算都回来了。铁木真松了一口气，带着剩下的人马退到森林里，打算休养生息，恢复实力。

再说王汗这边，王汗正为桑昆受伤的事闹得人仰马翻，有人就劝王汗说：“经过今天一战，铁木真他们已经成不了气候了。咱们就让他们躲在森林里自生自灭吧。要不了多久，他们就会被饿死的。”

王汗见桑昆受了伤，也没什么心思打仗了，再加上他本来也没真想消灭铁木真，就带着队伍回营了。

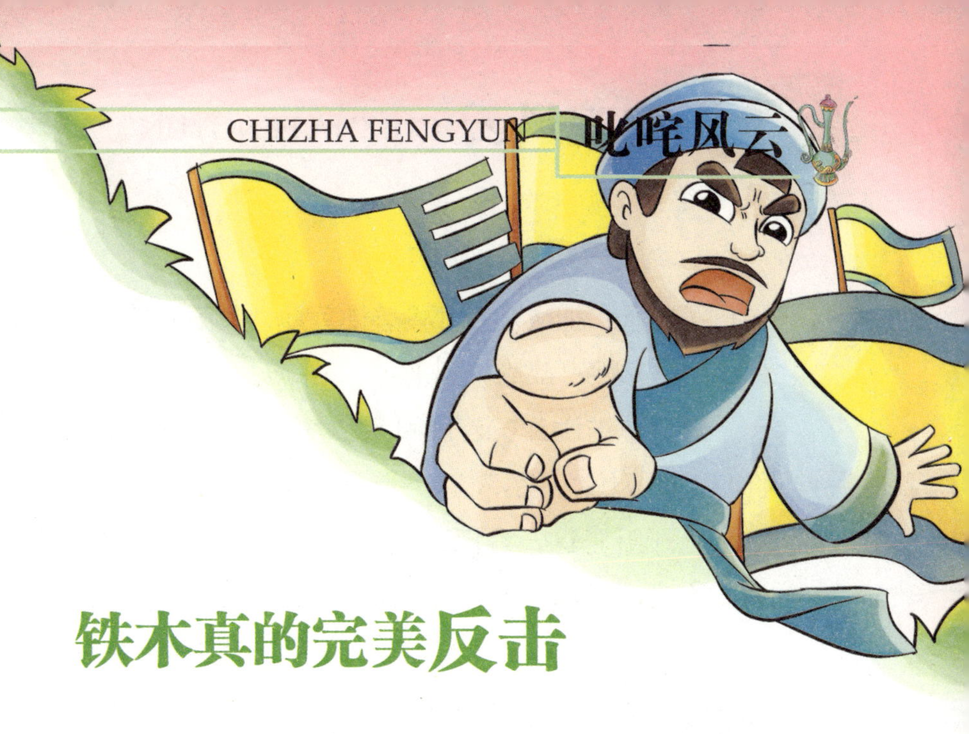

铁木真的完美反击

经过红柳林一战，铁木真元气大伤，只好带着部下在森林里边走边打猎，日子过得十分艰苦，直到收服了孛儿帖的娘家弘吉剌部，才安顿下来。

过了一段时间，铁木真缓过气来，决定主动出击。

他派了几名能说会道的使者，分别给王汗、桑昆、阿勒坛等人带去口信，当面控诉他们背信弃义的行为。

在给王汗的口信里，铁木真详细列举了自己家对王汗的恩情。

第一条：你当年保不住汗位，还是我父亲拔刀相助，才使你坐上那个位置。

第二条：你弟弟造反那次，你到处流浪，饭都吃不饱，是我把你接回来，尽心照顾你。

第三条：我还帮你召回部众，重新创立基业。

第四条：我们一起去打乃蛮部那次，你半路上丢下我，我还是顾着旧情，派“四杰”去救你。

第五条：那次乃蛮部偷袭你营地，我派人救了你儿子，还帮你把财物和牲畜都抢了回来。

最后总结说："父汗啊！我对你这么好，你是怎么对我的？你心里就不愧疚吗？"

王汗听了这一番话，羞愧不已，当场用小刀割破小指，发誓说："如果我真有伤害铁木真的心思，就让我鲜血流尽而死。"

桑昆却被王汗的态度惹火了，在一旁怒气冲冲地说要立刻整顿兵马，把铁木真给灭了。

虽然成功分裂了敌人，但这对铁木真来说还不够，他现在的队伍很弱小，根本不是敌人的对手。这可怎么办？

这时，"四杰"之一的木华黎给他出了个主意：阿勒坛、答里台、忽察儿这三人虽然叛变了，可他们终究是可汗的亲人，派人去说服他们做内应，或许能成功。

铁木真一听，两眼直放

光。这个主意真是太好了！马上派人去克烈部。

派出的手下才刚出发，铁木真的弟弟合撒儿回来了。原来，他在红柳林大战中被抓，几天前刚逃出来，千辛万苦才找到这里。

木华黎听了合撒儿的遭遇，眼珠一转，又想到了一条妙计：让合撒儿的随从去王汗那里诈降，如果王汗相信了，就让合撒儿去做内应，他可比阿勒坛他们可靠多了。

于是，合撒儿的随从也出发了。

过了几天，答里台突然回来了。原来，他们做内应的事被王汗发现了，只好拼死逃了出来。阿勒坛和忽察儿两人觉得没脸见铁木真，就逃到别的部落去了。

铁木真不计前嫌地收留了答里台，在仔细询问了克烈部的情况后，决定立刻起兵，跟王汗决一死战。

大军走到半路上，碰到了诈降回来的随从。

随从说："王汗现在已经放松了警惕，正在山上办宴会呢。"

好机会！铁木真赶紧带着人马冲向王汗的营地。

这时，克烈部的人一个个醉得东倒西歪，连弓箭都拿不稳，还哪里是铁木真的对手？不过尽管这样，克烈部士兵还是坚持了三天三夜，为王汗争取了足够的逃跑时间。三天之后，除了王汗父子等少数几人逃跑外，剩下的克烈部人全部投降。

从此，草原上再也没有克烈部。

把敌人变成自己人

这次克烈部惨败，铁木真会不会又来一次大屠杀啊？就像上次对塔塔儿人那样？毕竟这次他都差点被赶出草原了。

金国商铺老板甲

汪古部勇士乙

你错了。铁木真不但没有杀害他们，还像对待自己的部下那样对待他们。毕竟克烈部以前一直是他的盟友，除了这次，基本上没什么仇恨，用不着杀他们。铁木真可不是傻子，杀了他们没什么好处，善待他们，将他们变成自己人，增强自己的实力。

就是。我还听说，王汗的弟弟札阿绀孛把两个女儿都献给了铁木真。铁木真自己娶了大女儿，把小女儿嫁给了四儿子拖雷。父子俩娶姐妹俩，关系还真有点复杂。

南宋行商老赵

当地牧马人

在我们草原上，这样的双重联姻，铁木真高兴还来不及呢，原来的克烈部人也安心了，多好啊！

越越 大嘴记者

铁木真 特约嘉宾

嘉宾简介：从落魄子弟到一部可汗，再到一方霸主，他用了三十年。这三十年里，他遭遇了无数厄运，数次身受重伤，甚至差点死掉，万幸的是，最终他成功了。如今的草原上，除了乃蛮部，已经没有别的力量可与之抗衡了！

越　越：大汗您好！恭喜您又消灭了克烈部。

铁木真：哈哈，多谢多谢。

越　越：现在草原上除了西面的乃蛮部，再没有不长眼的敢来惹大汗您了吧。

铁木真：可以这么说。草原六雄中，篾儿乞部、塔塔儿部、克烈部都被消灭了，南边的汪古部也归顺我了，现在就只剩下乃蛮部跟我们蒙古部了。

越　越：哇！真是厉害。只要打败乃蛮部，大汗就是整个草原上的霸主啦！

铁木真：嗯，听起来不错。

越　越：那大汗有什么计划？

铁木真：军事机密你也敢打听？

越　越：（捂嘴）好吧，那草民就不问了。还是说说大汗与克烈部的事情吧，这次和克烈部大战，您以少胜多、以弱胜强，相当精彩啊！

铁木真：唉……其实我并不想和克烈部打。这么多年，我和义父一直相互帮助、相互扶持，虽然主要是因为利益，但是感情也是有的。真没想到，我们会在战场上拼个你死我活。

越　越：确实让人感慨万千。听说王汗父子已经逃跑了？

铁木真：是的。早两天前桑昆的马夫来向我通风报信，说桑昆大概是往西夏那边去了。至于义父，很有可能逃到乃蛮部

去了。记者同志，要是你哪天知道了我义父的消息，麻烦你告诉我一声。

越　越：大汗打算杀了王汗吗？

铁木真：不，他始终是我的义父，以前对我也很照顾。我会好好供养他，让他过安稳的日子。

越　越：大汗真大度。对了，那个马夫是叫阔客出吧？草民听说桑昆很信任他。

铁木真：哼，卖主求荣的小人罢了，我已经把他杀了。

越　越：嗯，杀得好。大汗果然是个重情重义的人。大汗，这次您打败克烈部，收获也不小吧。草民可是听说克烈部有不少猛将。

铁木真：哈哈哈哈。你这个记者，消息很灵通嘛。这次确实收服了不少人才。

越　越：说说，说说。

铁木真：有一个叫合答黑的将领，他是条汉子。我们最后一次攻打克烈部的时候，就是他带头抵抗的。要不是他力战三天三夜，王汗父子哪有机会逃跑？这人不仅作战勇猛、忠诚可靠，还不怕死。这种人才我是舍不得杀的，不但不杀，还要重用。

越　越：大汗果然像别人说的那样，心胸宽广，知人善任啊！

铁木真：哦？别人是这样说我的吗？哈哈。那是因为我明白一个道理，要做大事，就要有大胸襟。

越　越：大汗说得太对了。（扭扭捏捏）那大汗看草民这个人才怎么样？

铁木真：（皱眉）这个……你这细胳膊细腿儿的，暂时没什么适合你的事。不过你耐心等等，等我以后建立蒙古王国，你再来投奔我吧。

越　越：（无精打采）好吧，草民记住了。那今天的采访就到这里了，大汗慢走！再见！

铁木真：好，再见！

广告铺

班朱尼河边的誓言

我，铁木真，在班朱尼河边向天发誓："从今以后，我与身边的这十九位兄弟要同心同德，努力奋斗。如果将来成就大业，我与各位同富贵、共患难。假如我违背誓言，就会像这班朱尼河的河水一样，转瞬即逝！"

铁木真

（编者注：红柳林恶战后，铁木真曾流落到班朱尼河，当时跟随在他身边的只有十九个人。因此铁木真在河边发下该誓言，史称"班朱尼河之盟"，而这十九个部下，也被人们称作"班朱尼河功臣"。）

奖励巴歹和乞失里黑

桑昆欲借儿女亲事，设下毒计害我，幸好有牧人巴歹和乞失里黑向我通风报信，才使我逃过一劫。如今我打败克烈部，巴歹和乞失里黑也有一份功劳，为了奖励他们，我决定把王汗的宝帐送给他们，并从克烈部拨出一个小部落送给他们。

铁木真

穿越报

CHUANYUE BAO

【烽火快报】

· 乃蛮人要攻打蒙古人啦

【绝密档案】

· 都是人头惹的祸

【叱咤风云】

· 决战纳忽昏山

· 不流血而死的札木合

【名人有约】

· 特约嘉宾：铁木真

【广告铺】

· 投降公告

· 悬赏缉拿脱黑脱阿

· 祭旗仪式通知

穿越必读 CHUANYUE BIDU

占据草原东部大片土地之后，铁木真没有止步不前。公元1204年，铁木真远征乃蛮，打败了草原上最后一个强敌，终于成为了真正的草原之主。

乃蛮人要攻打蒙古人啦

——来自汪古部的加密快报

公元1204年春天，汪古部向蒙古部送来消息：乃蛮人要来攻打你们啦！

咦？这事汪古部怎么先知道了？

原来，铁木真盘算着消灭乃蛮人的同时，乃蛮部的太阳汗也打算消灭蒙古人，但是他心里有点没底，就想把汪古部拉下水。

可惜他不知道，汪古部早就选择了铁木真。太阳汗派出的使者一到汪古部，就被五花大绑，送到了蒙古大营。

关于怎么对付乃蛮部的问题，铁木真召集大家，开了个军事大会。会议上，基本分为两派—保守派和激进派。

多数将领属于保守派。他们认为现在是春天，战马饿了一整个冬天，腿都在打晃，实在不适合打仗，应该等到夏天或者秋天，马长肥了再进攻（实际上是他们觉得乃蛮部太强大了，怕打不过）。

激进派一听这话不爽了。人家都要打到家门口了，哪还有时间等马长膘？不如趁他们不备，打他个措手不及。到时候，那辽阔无疆的牧场、数不清的金银和奴隶就都是我们的啦。

经过激烈的讨论，双方终于达成了共识：出兵。

都是人头惹的祸

蒙古部和乃蛮部的这一仗是不可避免了，不过有人觉得奇怪，太阳汗是出了名的胆小怕死，这次怎么变得这么有种，竟主动向蒙古部发起挑战来了？

其实早在铁木真打败王汗的时候，太阳汗就感到了危机，他琢磨着：“天上只有一个太阳，草原上怎么能有两个可汗呢？”因此对蒙古部提高了警惕。不过那会儿，他只是筑筑边防，没有拿出进一步的行动来。

这时，狼狈不堪的王汗逃到了乃蛮部的边境，巡逻兵看他穿得破破烂烂，饿得面黄肌瘦，还满嘴胡言乱语，说自己是王汗，就把他当奸细，“咔擦”一刀给砍了。

王汗的人头被送到了太阳汗那儿。大家一看，这哪是什么奸细，这是王汗呀！

太阳汗乐了，连忙让人摆好祭台，装模作样地祭祀一番。

他端着酒杯说：“王汗啊，没想到你也有今天。我这没什么好东西，你就多喝几杯马奶酒吧。”

话一说完，王汗人头的眼睛竟然睁开了，嘴巴也动了，好像在喝酒，又好像在笑。

这下可把太阳汗吓得不轻，他丢下酒杯，撒腿就跑。

他的宠妃古儿别速怒了，一挥手，把王汗的人头挥到地上，还用力踩了一脚，指着太阳汗的鼻子破口大骂：“你看看你，一颗人头就怕成这样，真是个窝囊废。就你这样，还想打败蒙古部，做梦去吧！”

太阳汗羞得老脸通红，还嘴说：“我怎么会怕！我现在就出兵，把蒙古部的人都抓来当奴隶。”

古儿别速很看不起蒙古部人，就笑着说：“抓那么多蒙古人做什么？到时候，该杀的杀了，只要抓些漂亮的姑娘、媳妇来，洗干净手，帮我们挤牛奶、挤羊奶就行了。”

于是，攻打蒙古部的事就这么愉快地决定了。

哪一方会赢？

听说蒙古军和乃蛮军已经开战了，你们觉得哪边会赢？

茶馆老板刘大

畏兀儿商人甲

这个很难说，双方都是大部落，实力都很强。不过我倾向于乃蛮部。乃蛮部是老牌的强盛部落，经济发达，文明程度也高。而且这些年养精蓄锐，没什么战争，实力肯定比铁木真强。

你说的有道理。再说了，蒙古大军千里迢迢跑到乃蛮部边境来跟人家打，跑这么远，还没开打就累晕了吧。听说乃蛮部抓到了蒙古部的一匹马，瘦得呀，都只剩骨头架子了。蒙古军骑这么瘦的马，怎么打仗？

菜农李老头

西夏布商乙

什么呀，那只是从蒙古军营里逃出来的一匹瘦马，哪能代表蒙古部全体战马的水准呀？不过呢，太阳汗以为蒙古部的战马个个都是那副德行，气焰嚣张得不得了呢。铁木真为了打击他的气焰，就使了一招篝火迷魂计。

铁木真让士兵分散驻扎，晚上每个士兵至少点五堆篝火。乃蛮部的哨兵一看，天哪，火堆密密麻麻，蒙古大军得有多少人马啊！现在太阳汗已经乱了阵脚，他儿子又是个急脾气。我看，这场仗还是铁木真赢。

当使者，有风险

穿穿老师：

你好，我是太阳汗的使者。当初我觉得这份工作既轻松，又有油水可捞，想尽办法才得到的，没想到现在这么难做。

前几天，太阳汗发现蒙古部的人马多得吓人，就派我给他儿子屈出律传话，说："儿子啊儿子，蒙古人太多，我们别跟他们硬拼，不如诱敌深入，等他们快到我们的大本营兵马劳累的时候，我们再反扑。"

我觉得太阳汗这话说得挺有道理，可屈出律是个没脑子的人，脾气又暴躁，听了这话，气得破口大骂，说太阳汗胆子比女人还小，是个十足的窝囊废。

我的天啊，这样的话，要我怎么跟太阳汗报告啊，他一生气，说不定就把我砍了。

穿穿老师，我真害怕极了。你说我该怎么办啊？

乃蛮部使者

乃蛮部使者：

你好。真是难为你了。以前听人说太阳汗过得很憋屈，老婆骂他、儿子骂他、大臣也骂他，我还不相信呢，如今看来，传闻的确没错了。

你也不要太担心，禀报的时候，离太阳汗远一点。或者说完就装晕、装肚子疼，反正不要杵在他面前，那样他就没机会把气撒在你身上了。祝你好运！

《穿越报》编辑 穿穿

【太阳汗被骂急了，当即点齐兵马，来到前线纳忽昏山（今巴颜乌拉山），准备跟蒙古人决一死战。】

决战纳忽昏山

两军在纳忽昏山附近摆开阵势，准备对战。

太阳汗这边还有一个不得不说的人，他就是札木合。原来自从克烈部被消灭后，札木合就投奔了乃蛮部。如今，他又指望靠太阳汗来打败铁木真。

战斗开始了，铁木真让“四狗”打头阵。

太阳汗问札木合：“前面那几个面目狰狞的是什么人？”

札木合说：“那是我铁木真安答的‘四狗’——哲别、者勒篾、忽必来和速不台。他们是吃人肉、喝人血长大的，到了战场上，闻到血腥味就发狂。”太阳汗一听，吓得不轻，跟这样的怪物怎么打呀？赶紧命令士兵往山上撤。铁木真一看乃蛮人退到了山上，大喜，马上下令，准备给敌人来个大包围。

太阳汗见大批骑兵围过来，就指着冲在最前面的两拨人，问札木合：“那两群像恶狼一样追过来的是什么人？”

札木合回：“那是我铁木真安答手下最能打的两个部落。他们天生就喜欢打仗，唯一的爱好就是杀人。”

太阳汗一听，脸都吓白了。之前那些是爱吃人的，这些又是爱杀人的，我还是躲一躲吧，于是命令手下继续往山上退。

这时，铁木真出现在可汗的大旗下，指挥作战。

太阳汗赶紧问札木合：“大旗底下那个人是谁？”

札木合一看，说：“那就是我铁木真安答。他这个人铜皮铁骨，不怕烧，不怕砍，简直是一个神人。”接着，札木合讽刺说：“你不是说，要把蒙古部人都抓来当奴隶吗？现在他们来了，你去抓吧。”

太阳汗已经吓得“心胆俱裂”了，哪里还敢接仗？领着队伍一个劲儿地往山上撤，一直退到山顶，才发现无路可走了。

这时，太阳已经下山，铁木真下令明日再战。乃蛮人打算趁夜逃跑，却因黑夜中道路难辨，很多人从山崖上摔了下去。

第二天一早，铁木真就带着手下一起向山顶冲去。

这时，太阳汗终于勇敢了一把，他振臂高呼：“既然要死，就痛痛快快地战死吧！”他领着队伍奋勇拼杀，只可惜他平时养尊处优惯了，还没打几个回合，就受了重伤，奄奄一息。最后因伤势过重，在山崖上断了气。

经过这一战，乃蛮人死伤大半，盛极一时的乃蛮部就此灰飞烟灭。

不流血而死的札木合

大敌都被灭了，但铁木真心里还有一个人放不下，那就是曾经的安答札木合。

这天，忽然有人来报：札木合被他自己的手下抓来了！

原来，在上次的战争后，札木合趁乱逃到阿尔泰山一带当了土匪。部下看跟他没得混了，便陆陆续续地离开了，最后只剩下五个人。

按理说，这五人对他忠心耿耿，札木合应该好好待人家才对，可他却还是摆着一副大汗的架子，对他们吆五喝六，态度傲慢。

有一次，他们在一起吃羊肉。札木合一边吃着，一边傲慢地说："你们是什么出身啊？你们配吃肉吗？要不是我，你们能吃上肉吗？"

这五人一听，气不打一处来。哪怕是沦为土匪，我们也没离开你，对你已经是仁至义尽了，你倒好，平时对我们颐指气使就算了，现在还这样羞辱我们，是可忍孰不可忍！

这五人相互使了个眼色，趁札木合低头啃肉的时候，猛扑上去，把他绑成个粽子，送给铁木真当礼物。

落到铁木真手上，札木合自认为

必死无疑，但他不能放过背叛自己的人，就对铁木真说：“黑乌鸦捕捉了黑鸭子，奴仆擒拿了主人。亲爱的安答，你打算怎么办？”

铁木真最恨卖主求荣的人，说：“这种背弃主人的奴仆，能指望他们忠心吗？”当即下令，将这五人斩首示众。

接下来，就该处理札木合了。

铁木真还是很顾旧情的，他派人传话给札木合：“我们曾经是亲密无间的好兄弟，虽然分开过，但是我从来没有忘记过你。我跟王汗大战时，你帮了我。之前与乃蛮部决战时，你又帮了我。你为我做的这些，我都记在心里。札木合安答，就让我们继续做安答吧。”

札木合百感交集，说：“我们小时候同吃同睡，感情多好啊！现在你成了草原之主，而我却是阶下囚。假如留着我，我将会成为你衣领上的虱子，袍服里的针刺，因此还是算了吧。”

“我亲爱的铁木真安答，你有聪敏仁慈的母亲，有多才多能的弟弟，有众多的良将忠臣，而我什么都没有，所以我才有今天的下场啊！如果你还顾念我们的兄弟之情，就请赐我不流血地死去吧。”

听了这话，铁木真一阵心酸。但是他清楚，以札木合的性格，是不愿意屈居人下的，最后只好顺从他的愿望，用牛皮口袋将他闷死，加以厚葬。

你让我死吧！
不，我不让你死！

你就让我死吧。
不，我绝不让你死。

那我不死了。

不要，你还是死吧。

越越 大嘴记者

铁木真 特约嘉宾

嘉宾简介：他才干出众，智谋超群，改组军队和部落，创建了无人能敌的蒙古铁骑；他果断勇猛，用兵如神，消灭强敌乃蛮部，成为了至高无上的草原霸主。他，就是大名鼎鼎的铁木真，一个即将开创蒙古汗国，成为草原上第一个皇帝的人！

越　越：大汗，您好！想不到您这么快就把乃蛮部灭了，真是神速啊，在下佩服，佩服！

铁木真：客气，客气。谁叫他们乃蛮部想了不该想的，就该付出代价。

越　越：（竖起大拇指）霸气！记得上次跟塔塔儿人打仗前，大汗，颁布了两条铁一般的纪律，这次跟乃蛮部打，不知您又做了哪些部署？

铁木真：嗯，要打仗，准备工作是一定要做好的。我们蒙古部向来是军民一体，牧民就是士兵，士兵就是牧民，为了便于管理，我把他们按户进行编组。设十户、百户、千户，并且各任命一个长官。

越　越：哇，这样一来，蒙古部就有了正规编制啦，依草民看，蒙古部很快就不再是一个部落了，而要变成一个国家了呀。

铁木真：哈哈，会如你所愿的。

越　越：还有呢？

铁木真：我还设立了扯儿必（编者注：蒙古汗国、元朝官名，即参谋部）。任命了六个聪明、会打仗的人做参谋，为我出谋划策，还兼管内勤。

越　越：唔，果然是越来越正规了呢。

铁木真：还有，统帅是一军之主，所以必须保障统帅也就是我的安全。为此我建立了一个庞大的私人保镖团。其中光贴身保镖就有一百多人，时刻保护我。我去哪儿，他们就跟到哪儿。

越　越：（饶有兴趣地）连上厕所也跟？

铁木真：上厕所也跟。

越　越：（囧）对了，听说在正式开打后，大汗运用的战术是“进如山桃皮丛，摆如海子样阵，攻如凿穿而战”，这到底是什么意思？

铁木真：（微微一笑）山桃皮是一种灌木丛，这句话的意思是像山桃皮灌木一样，分小队分散前进，刺探敌情；摆开大海一样的阵势，进行大包围；像凿子穿木一样，突击前进，长驱直入。

越　越：哇！好生动啊！可是据我所知，大汗并不识字，没读过兵书，也没有老师教，难道是无师自通？

铁木真：不错。经过多年的观察和总结，我觉得这是非常适合骑兵的战术。

越　越：果然，胜仗不是随随便便就能打的，也是多年经验的积累啊！大汗，我还有个八卦想打听一下。

铁木真：说。

越　越：太阳汗有个宠妃叫古儿别速，您知道吧？

铁木真：嗯?

越　越：听说她是一位绝代佳人，长得美极了，就是脾气火爆了点。

铁木真：嗯，泼辣的美人儿，我喜欢。

越　越：啊？大汗不会，不会已经……

铁木真：没错，我已经把她娶了。现在她正等着我呢，我得走了。

越　越：看来传言果然是真的。好吧，那我就不打扰了，大汗再见。

广告铺

投降公告

我是答亦儿兀孙（篾儿乞部一个分支的首领），我愿带领手下的篾儿乞人向铁木真投降，为了表示诚意，我还愿把女儿忽阑献给铁木真，希望可汗不要嫌弃小女，也希望可汗能接受我们这些有罪的篾儿乞人。

答亦儿兀孙

（编者注：铁木真见到忽阑后非常喜欢，后来将她封为第二皇后。）

悬赏缉拿脱黑脱阿

强大的乃蛮部已经被我消灭，篾儿乞残部却还在做垂死挣扎。前不久，我率军去讨伐篾儿乞人，大胜而归，只可惜又让他们的首领脱黑脱阿逃走了。有见到脱黑脱阿的人，请立即来蒙古大帐向我报告，本汗定有重赏！

铁木真

祭旗仪式通知

一山不容二虎，我们蒙古部与乃蛮部的大战势在必行。蒙古大军将在不儿罕山上举行祭旗仪式，希望长生天保佑我们取得胜利，请全体将士准时参加，并提前做好出征准备。仪式一完成，马上出发。

铁木真

穿越报

CHUANYUE BAO

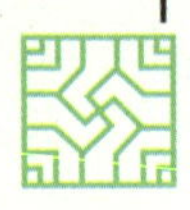

穿越必读 CHUANYUE BIDU

铁木真统一蒙古各部后，正式建立了蒙古汗国，一代天骄“成吉思汗”的名号就这样诞生了！作为蒙古汗国的皇帝，成吉思汗将要面对无数接踵而来的问题，比如如何管理草原百姓，如何加强军队战斗力，如何健全国家法律，以及如何任用官员等。

蒙古汗国成立啦

——来自斡难河的快报

公元1206年春天，蒙古人在他们的诞生地——斡难河的源头召开了一场隆重的忽里勒台（蒙古语，即诸王大会）。会议上，铁木真郑重宣布，从今天起，蒙古汗国成立了！而这个汗国的新主人就是铁木真！

与第一次称汗不同的是，那时他还只是一个小小的蒙古部的首领，如今，他已收服了大大小小近百个部落，一统蒙古草原，成为整个大草原上的霸主，应该有个更正式、更响亮的名号才对。

那么，叫什么汗好呢？

太阳汗？古儿汗？还是某某大汗？这还真是个头痛的问题呢。

这时，通天巫阔阔出（萨满教的首领）对铁木真说："那些叫'古儿汗'和'大汗'的人都是您的手下败将，所以这些称号根本就配不上您。您应该取一个前无古人、后无来者的尊号，以表明您是万民之汗、王中之王。根据上天的旨意，您应该叫'成吉思汗'。"

就这样，随着蒙古汗国的建立，"一代天骄成吉思汗"的名号也诞生了！

千户制有什么好处

蒙古汗国建立后，成吉思汗一口气封了九十五个千户，共八十八个千户长。千户长上面设有万户长，下面设有百户长，百户长下面还有十户长。这就是蒙古汗国的“千户制”。

那么，千户制到底有什么好处呢？

原来，每一千户中，都有来自各个不同部落的人，千户的首领也由原来的氏族长老，变成了军事首领，这样一来，就打破了之前守旧的部落制度，不仅可以防止那些旧贵族势力复辟，还能促进各个部落的融合与沟通，使蒙古汗国不断地发展和壮大。

千户制还有一个特点，就是军民合一。所有千户长、百户长和十户长既是地方长官，又是军事首领，他们手下的牧民平时放牧生产，到了战争时期，立刻能拿起武器去打仗。

成吉思汗还下了一道命令，如果十户长不能统率手下的十人打仗，不仅要撤销职务，还连同妻儿一同定罪。百户长、千户长和万户长就更不用说了。

有人说，成吉思汗之所以推出“千户制”，不仅是为了更好地管理百姓，发展生产，巩固自己的统治地位，同时也是为以后的对外扩张战争做准备呢。

连老婆都能赐人

铁木真自己当了成吉思汗，也没有忘记那些跟他一起打天下的英雄们，像他身边鼎鼎有名的“四杰”和“四狗”，还有“二勇将”术赤台、畏答儿这些人，一个个不是封了千户长，就是万户长，有的人还被赐予了“犯九次死罪不杀”的特权呢！

大力士巴特尔

某挤奶阿妈

是啊，尤其是“二勇将”中的术赤台，听说可汗封他为千户长后，觉得还不够，最后把自己的小老婆亦巴合夫人都赏赐给他了。连老婆都能拿来赏人，真不知道可汗是怎么想的。

可汗自己说，不是嫌亦巴合夫人品性不好，也不是嫌她不漂亮。而是术赤台的功劳实在太大了，才将她赐给了术赤台。

话虽说得好听，其实就是不怎么喜欢亦巴合夫人呗，不然为什么不拿别的老婆出来做赏赐呢？

塔娜小姐

牧羊女苏日格

其实这对夫人来说，也未必是件坏事。你想想，在可汗那里，她只是许多老婆中的一个，还是最不受宠的那个，可在术赤台那里，她是独一无二的。所以，没准跟着术赤台比跟着可汗还要好呢。

要不要参加怯薛军

穿穿老师：

您好，我是一名蒙古勇士，最近有人推荐我参加怯薛军，我不知道该不该去。我对怯薛军不是很了解，只知道这是一支成吉思汗的卫军，主要负责保卫可汗的安全，由可汗亲自指挥，很受人尊敬。

但我又听人说，怯薛军里大多是些贵族子弟，而我只是个普通牧民，家里无权无势，只怕进了怯薛军后，会处处受人欺负。这样的话，我还不如当个平头百姓好了。

穿穿老师，您能帮我拿个主意吗？

蒙古勇士

蒙古勇士：

您好。我觉得您的担忧是多余的，没错，怯薛军中的确以达官显贵家的子弟居多，但这是一支纪律严明、战斗力极强的军队，并不是一支恃强凌弱、攀比成风的纨绔军！

而且，可汗对怯薛军的重视程度是您无法想象的，只要您进了怯薛军，地位一下就能跃居千户长之上。成吉思汗曾亲口说过："在外的千户长和怯薛军要是发生争斗，应该惩罚的是千户长。"

您参加怯薛军后，还可以免除全家的杂役。您家人的地位也能跃居百户长之上。

除了这些优惠政策外，我再告诉您一个秘密：绝大多数军事统帅和中央官员都是从怯薛军中选拔出来的哦。

所以，我认为这对您来说是一个非常好的机会，希望您不要错过。最后祝您前途似锦，步步高升。

《穿越报》编辑 穿穿

最高法典《大札撒》

我们知道，汉族皇帝颁布的命令叫“圣旨”，那么，成吉思汗颁布的命令叫什么呢？答案是“札撒”。

早在攻打塔塔儿部的时候，铁木真就颁布了蒙古部的第一个“札撒”：“在作战的时候，将士不许贪图钱财，浑水摸鱼，因为打了胜仗之后，这些东西都是我们的。”

“上头发出了撤退的命令，将士们如果不听号令，继续与敌人周旋，也要被处以死刑。另外，第一次被击退之后，不奋力发起攻击的人，也要被处死。”

原来蒙古人有个坏习惯，那就是一边打仗，一边抢东西。但自从颁布了这条札撒后，蒙古军再打仗，就没人敢开小差了，因此屡战屡胜，将敌人打得溃不成军。

铁木真当上成吉思汗后，重新制定了一系列法令，并整理成一部大法典，取名叫《大札撒》。

在《大札撒》中，成吉思汗还对许多问题进行了立法，如：“国家最高权力归可汗一人，可汗去世后，要举行‘忽里勒台’推举新的可汗，新可汗必须是前任可汗的后代。”又如：“杀人或盗窃的犯人，一律判处死刑。”

当然了，《大札撒》不仅仅是颁布完了就了事，成吉思汗非常重视它的贯彻执行，一再跟大臣们强调，必须遵照上面的法令行事，永远不许违背。他说：“那些表面服从命令，背地里却搞鬼的人，绝不可重用。”

“凡是大敌当前却不肯听从命令的人，不管多么显贵，要统统杀掉！”

“假如全国的贵族、官僚和勇士们都不严守法令，蒙古汗国的根基就会动摇，甚至灭亡。到时候，他们再想找成吉思汗，就永远都找不到了。”

他还说：“子孙们如果遵从我的法令，不去更改它，那么，五百年、一千年，乃至一万年之后，蒙古汗国依然会屹立在这世上，极致繁荣。”

为了确保《大札撒》的贯彻执行，成吉思汗还任用了一名非常正直的官员——察合台做它的监督者，并规定，所有皇族成员和高级官员每年开一次大会，检讨一年中是否有违背《大札撒》的行为。

就这样，《大札撒》成了蒙古汗国的最高法典，从这以后，每当国家发生重大事件，比如调动军队等，都要先把《大札撒》搬出来宣读，然后按照上面的规定行事。

比丞相还厉害的大断事官

自古以来，有皇帝就有丞相，皇帝和丞相是一对不可分割的好伙伴，那么，刚刚建立的蒙古汗国也有丞相吗？

答案是肯定的，不过，蒙古汗国的丞相不叫丞相，叫“大断事官”。大断事官管理国家的财政、刑罚和百姓，权力比中原的丞相还大。那么，这么重要的职位，成吉思汗会交给谁呢？

他就是成吉思汗母亲的养子失吉忽秃忽。忽秃忽原本是塔塔儿人，是成吉思汗攻打塔塔儿部的时候，在战场上捡回来的。

忽秃忽虽然是塔塔儿人，但成吉思汗非常信任他，对他说：“你是我的第六个弟弟，和其他弟弟一样，可以犯一百次罪而不受惩罚。如今天下初定，你来辅佐我，做我的耳目，任何人不得违背你的命令。”

就这样，成吉思汗将大断事官的职务交给了忽秃忽，允许他自行立法，自行判决、执行。

这样一来，忽秃忽就相当于蒙古汗国最高法院的大法官。

为了不辜负成吉思汗对自己的信任，忽秃忽办案时总是兢兢业业，秉公执法。他从不对犯人严刑逼供，而是坚持查出事情真相。他有一句名言：“不要因为恐惧而认罪。”因此，很多犯人都受过他的恩惠，夸他是个公正廉明的好法官。

除了忠心耿耿，公正廉洁外，忽秃忽还是一个非常博学的人，蒙古汗国的最高法典、鼎鼎有名的《大札撒》就是他编的。

蒙古文字诞生啦

蒙古本来是没有文字的，这给草原上的人们带来了很多不便。比如要打仗了，可汗发布一道命令，由于没有文字，只好口头传达，假如使者传达不清，那可就要耽误大事啦。

除了口头传达，蒙古人还想了很多其他办法，比如在木头上做记号啦，在绳子上打结啦。但不管怎样，都不如文字方便。

在这种情况下，一个叫塔塔统阿的人帮助了蒙古人，发明了世界上第一批蒙古文字。能发明文字的人，当然很厉害。那这个塔塔统阿是个什么样的人呢？

原来，这个塔塔统阿曾经是乃蛮部的掌印官。乃蛮部兵败后，塔塔统阿怀揣一块“石头”准备逃亡，结果被成吉思汗抓住了。

成吉思汗觉得奇怪，逃命就逃命呗，干吗还揣块石头？

塔塔统阿说：“这可不是普通的石头，这是乃蛮部的大印，我作为臣子，就算丢了脑袋，也不能丢了大印。”

成吉思汗来了兴趣，就问他大印有什么用。

塔塔统阿说：“调动粮草，委任人才，都可以用它来做信物。”

听他这么一说，成吉思汗觉得自己正需要这么一枚印章，于是叫人也刻了一枚大印，交给塔塔统阿保管。就这样，塔塔统阿又成了蒙古部的掌印官。

而这个塔塔统阿原本是畏兀儿人，畏兀儿人是有文字的，塔塔统阿刚好又非常精通本国文字。成吉思汗知道后，就叫他创造出一种蒙古文字出来。塔塔统阿就依样画葫芦，将蒙古语用畏兀儿字母拼写出来，创造了蒙古文。

蒙古文一诞生，成吉思汗高兴得不得了，立即任塔塔统阿为老师，给大家“扫盲”。

就这样，蒙古文字很快在草原上传播开来，从今以后，大家要记录事情或者传达信息，再也不用刻木头和打绳结了。

一百二十五、一百二十六、一百二十七……

他不知道塔塔统阿已经发明文字了吗？

越越 大嘴记者

帖木格 特约嘉宾

嘉宾简介：蒙古大将，成吉思汗最小的弟弟，曾辅佐成吉思汗建立蒙古汗国，并为他除掉了国中的一颗“大毒瘤”——狂妄不可一世的萨满教教主通天巫阔阔出，由此深得成吉思汗的信任和喜爱。

越　越：帖木格大将您好，最近通天巫阔阔出死亡一事闹得沸沸扬扬，听说这事儿跟您有关？

帖木格：没错，是我干的。

越　越：阔阔出号称通天巫，那就是可以和天上的神对话的人。这么神奇的人，您杀了他，不怕大汗怪罪吗？

帖木格：实话告诉你吧，这事儿就是大汗让我干的。

越　越：啊，大汗不是萨满教的忠实信徒吗？怎么会……

帖木格：谁叫阔阔出那个家伙仗着自己给大汗起了个“成吉思汗”的名号，就狂妄自大，目中无人了呢？

越　越：这样啊，可否举个例子？

帖木格：有一次，我二哥合撒儿不知怎么得罪了阔阔出，阔阔出就找了个借口，和六个兄弟把合撒儿抓起来，吊打了一顿。

越　越：呃，连大汗的弟弟都敢打，阔阔出确实嚣张得可以啊。大汗没管吗？

帖木格：大汗不但没管，还挖苦了合撒儿一句：“你平时不是说自己很厉害吗？怎么打不过他们？”合撒儿当时气得啊，三天没去见大汗。

越　越：可能大汗也惧怕通天巫那种神奇的力量吧？

帖木格：那阔阔出见大汗没管这事儿，得寸进尺，跑到大汗跟前，说根据长生天的指示，必须杀掉合撒儿，以免他将来夺权！

越　越：啊？大汗信了吗？

帖木格：大汗还真信了，把合撒儿抓起来审问。还好母亲知道了，连夜坐骆驼车赶过去，把大汗骂了个狗血淋头。大汗虽然把合撒儿放了，但还是把合撒儿的百姓夺走了三千户。

越　越：唉，这事闹的……

帖木格：事情还没完呢，阔阔出害完了二哥，又来打我的主意，骗走了我好多部下。我派个使者去跟他谈判，他把我的使者痛打了一顿，还没收了他的马匹，叫他滚蛋。气死我了！

越　越：别气，别气，后来呢？

帖木格：后来，后来我就亲自去找阔阔出说理，谁知，谁知那家伙……

越　越：怎么啦？他是不是连您也打了？

帖木格：唉，具体情形就不跟你说了，说多了都是泪啊！回来后，我去找大汗讨公道。母亲听到这事，都气哭了，对大汗说："这些人太猖狂了。你这个大汗还没死呢，他就敢明目张胆地欺负你兄弟，万一哪天你去了，这个国家还不知是谁的呢。"

越　越：夫人说得对，要赶紧采取措施了。

帖木格：是的。这次大汗才下定决心要除掉阔阔出。至于怎么做，就随我了。

越　越：得到大汗的许可，您一定高兴坏了吧？

帖木格：那可不，我马上找来三个勇士，借摔跤的名头，把他给摔死了。

越　越：啊，那您怎么跟阔阔出的父兄交代？

帖木格：很简单，我就说，阔阔出摔跤输了，赖在地上不肯起来。

越　越：（汗）您可真够幽默的。今天的采访就到这里，下次再见。

广告铺

百姓不得随意迁徙

凡是蒙古汗国的子民，必须待在指定的十户、百户、千户之内，不得随意迁徙。如有违反者，一经发现，格杀勿论，收留者也要负连带责任。

《大札撒》节选

关于服役纳税的规定

凡是蒙古汗国的子民，都有服役和纳税的义务，但以下三种人可以例外：僧侣、大夫和学子。

《大札撒》节选

部分军规

凡是临阵退缩者，杀无赦！凡是做逃兵的人，杀无赦！对死在军中的将士，假如他的奴仆将主人尸体背回家乡，将死者的牲畜、田产赐给该奴仆。假如他人将尸体背回，那么死者的牲畜、田产等均赐给此人。

《大札撒》节选

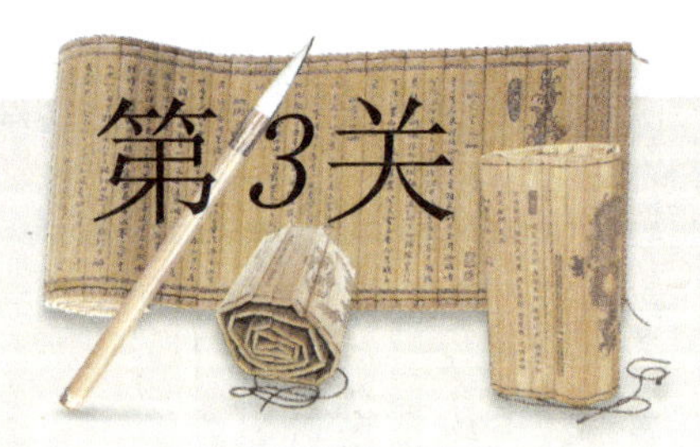

第3关

智者无敌 王者为大

1. 蒙古人结亲，必须要吃哪种动物的脖子？
2. 桑昆是诚心与铁木真结亲吗？
3. 札木合有没有帮王汗指挥作战去攻打铁木真？
4. 克烈部是被谁消灭的？
5. 班朱尼河功臣一共有多少人？
6. 王汗是怎么死的？
7. 草原上的马在哪个季节最肥？
8. 乃蛮部是被谁消灭的？
9. 铁木真成立蒙古汗国后，称为什么汗？
10. 蒙古汗国是哪一年建立的？
11. 铁木真手下的“四狗”分别是谁？
12. 蒙古汗国的最高法典是什么？
13. 蒙古汗国的大断事官相当于中原朝廷上的哪种官职？
14. 蒙古文字是谁发明的？
15. 通天巫阔阔出的结局是什么？

穿越报

CHUANYUE BAO

【烽火快报】

- 蒙古人向西夏发难了

【叱咤风云】

- 西夏向蒙古屈服了
- 报仇的时刻到啦
- 金人连都城都不要了

【名人有约】

- 特约嘉宾：完颜珣

【广告铺】

- 每户契丹人由两户女真人监督
- 征集马匹通知
- 整军通知

穿越必读 CHUANYUE BIDU

成吉思汗并不满足于统一蒙古草原，他将目光投向草原的四周，那里有许许多多的国家，还有数不清的金银财宝和富庶土地在召唤着他。于是，蒙古汗国对外扩张的战争打响了，首当其冲的便是蒙古汗国的两位邻居——西夏和金国。

蒙古人向西夏发难了

——来自兀剌海城的加密快报

公元前1207年，成吉思汗向邻居西夏国发难了！理由是成吉思汗叫西夏皇帝李安全纳贡称臣，李安全竟拒绝了。

成吉思汗很不高兴，当即亲自率领大军，一路杀进了西夏，并在那里掳掠了整整五个月，抢夺了无数财物和骆驼，才尽兴而归。

其实早在两年前，铁木真就向西夏发动过一次进攻。那次的理由是西夏人收留了王汗的儿子桑昆。当时对这个罪名，西夏人很不服气。虽然桑昆的确逃到了西夏边境，但西夏人并没有收留他。

可蒙古人压根不听这种解释，以此为由，冲进西夏边境的两座小城，也是一通烧杀抢掠，满载而归。

望着被蒙古人蹂躏过两次的国土，李安全悲愤不已，可他能怎么办呢？拿小小的西夏去跟蒙古汗国拼，那不是找死吗？所以他只能奢望蒙古人杀够了，抢够了，就此放过西夏，别再来了。

但李安全心里明白，这种奢望是不可能成真的，野心勃勃的成吉思汗绝不会放过这个弱小的邻居，前两次进攻只是试探，真正的噩梦还在后面呢！

蒙古人为什么最先对西夏下手？

蒙古人为什么老跟我们西夏过不去呢，他们东边有金国，南边有南宋，咱们西夏在西边，没招谁也没惹谁，蒙古人为什么单单只打我们，而不去打金国和南宋？

某西夏百姓

茶馆老张

蒙古人不是没打算打金国和南宋，只是先拿我们开刀罢了。等把我们灭掉了，金国和南宋一个都逃不掉。

老张说的没错，在蒙古汗国的三个邻国中，我们西夏最弱，也最好打。成吉思汗先打我们，一来是为了切断金国的右翼，好为将来攻打金国做准备，二来是想先拿我们练手，积累一些农区作战和攻城的经验，将来好再去打金国和南宋。

某军官

布店店小二

唉，蒙古人那么厉害，咱们哪里是他们的对手呀，还是赶紧逃命去吧。

西夏向蒙古屈服了

公元1209年，成吉思汗第三次向西夏发动进攻，这次的理由是什么呢？好吧，理由已经不重要了。重要的是，成吉思汗要让西夏人明白，他们一定要臣服在自己脚下！

早在出征前，成吉思汗就做了不少功课，听说西夏皇族在闹内讧，政权动荡不安，所以对于这一战，他非常有信心。

不出所料，蒙古军一路势如破竹，很快攻破了贺兰山关口，包围了西夏的都城中兴府（今宁夏银川）。

然而，中兴府城高墙固，成吉思汗攻了一段时间，没攻下来。正发愁的时候，突然想到一条好计策。原来，中兴府离黄河不远，如果挖开河堤，中兴府不就变成一个大池塘了吗？

说干就干，蒙古兵飞快地挖开河堤。谁知这样一来，倒把自己给坑了。大水把中兴府城内外变成了一片汪洋大海，蒙古军连立脚的地方都找不到，更别说攻城了。

双方僵持了一段时间，成吉思汗眼下没有办法，就派人去城里招降。面对这个强大的对手，李安全没有办法，只好跟蒙古汗国签订了不平等条约，答应年年纳贡，而且等将来蒙古汗国攻打金国时，也会出兵助阵。

除此以外，李安全还把女儿察合公主嫁给了成吉思汗。成吉思汗做了西夏皇帝的女婿，自然退了兵。

报仇的时刻到啦

西夏已经臣服了，那么成吉思汗的下一个目标是谁呢？想都不用想，当然是蒙古人的世仇——金国！

想当年，金国仗着自己兵强马壮，逼着蒙古年年纳贡，不知榨取了多少蒙古人的血汗。此外，蒙古可汗俺巴孩曾被金国人活活钉死在木驴上，这样的深仇大恨，蒙古人怎么可能忘记？

不过，成吉思汗刚刚当上大汗时，并没有轻举妄动，仍然每年亲自去金国纳贡，表面上是为了显示自己的诚意，实际上是去打探对方的虚实。后来，金章宗（1189年即位）觉察到他有问题，便不准他再进都城中都（今北京），改派卫绍王完颜永济去净州（今内蒙古四子王旗）接受贡品。

这俩人一见面就不对付，成吉思汗觉得卫绍王是个蠢货，向这种人纳贡，是对自己的侮辱。卫绍王也很讨厌成吉思汗，觉得他眼睛都长到头顶上去了。就这样，两人都憋了一肚子气各回各国去了。

金章宗死后，完颜永济继承了皇位。一登上皇位，他就立马派使者拿了一封诏书去蒙古，叫成吉思汗跪拜受诏。

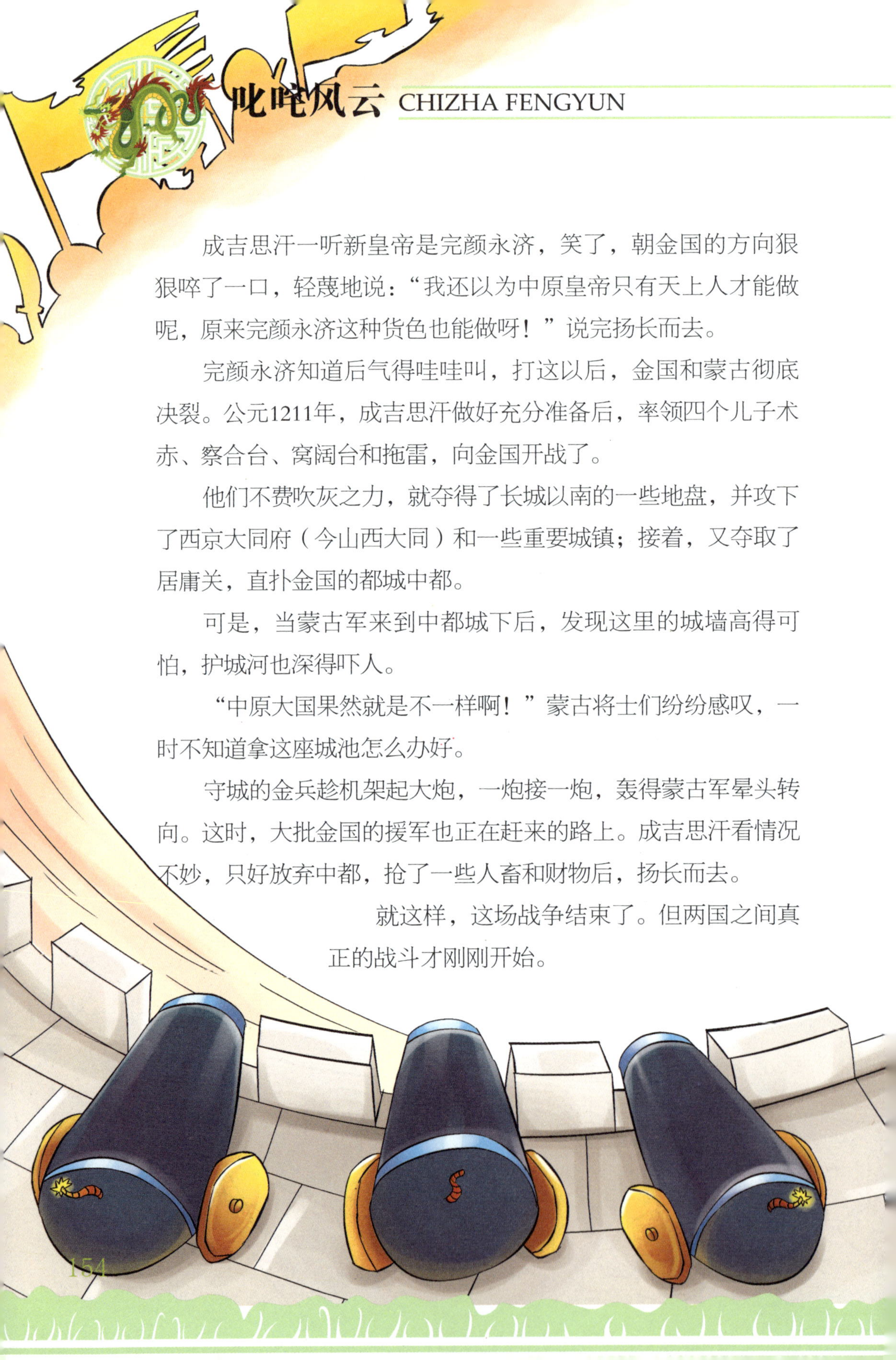

成吉思汗一听新皇帝是完颜永济，笑了，朝金国的方向狠狠啐了一口，轻蔑地说："我还以为中原皇帝只有天上人才能做呢，原来完颜永济这种货色也能做呀！"说完扬长而去。

完颜永济知道后气得哇哇叫，打这以后，金国和蒙古彻底决裂。公元1211年，成吉思汗做好充分准备后，率领四个儿子术赤、察合台、窝阔台和拖雷，向金国开战了。

他们不费吹灰之力，就夺得了长城以南的一些地盘，并攻下了西京大同府（今山西大同）和一些重要城镇；接着，又夺取了居庸关，直扑金国的都城中都。

可是，当蒙古军来到中都城下后，发现这里的城墙高得可怕，护城河也深得吓人。

"中原大国果然就是不一样啊！"蒙古将士们纷纷感叹，一时不知道拿这座城池怎么办好。

守城的金兵趁机架起大炮，一炮接一炮，轰得蒙古军晕头转向。这时，大批金国的援军也正在赶来的路上。成吉思汗看情况不妙，只好放弃中都，抢了一些人畜和财物后，扬长而去。

就这样，这场战争结束了。但两国之间真正的战斗才刚刚开始。

蒙古军只要财不要地?

穿穿老师:

您好，朕是金国皇帝完颜珣（xún）（完颜永济的侄子），想向您请教一些关于金蒙之战中的问题。

到目前为止，蒙古人已经向我们发动了三次战争。可令人奇怪的是，蒙古人每攻下一座城池，都不派兵驻守，只在城中大肆抢掠一番就走了。

朕想不明白，蒙古人到底在搞什么鬼，难道他们的目标只是城中的财物，不是土地吗?

这样的话，是不是只要朕给他们足够的财物，他们就会退兵呢?

大金皇帝 完颜珣

陛下：

您好。如果陛下认为蒙古人的目标只是那些财物，未免也太小瞧他们了。蒙古人并不是不想要这些城池，而是有更大的目标，那就是整个金国。

但金国土地广袤，人口众多，蒙古人想一口气吞下金国，还是比较困难的。更何况，就算把金国拿到手了，也难以统治。所以成吉思汗才想出这个办法，留下一堆烂摊子让您去收拾，逐步消耗金国的实力。

陛下说的方法，也不是不可行，但议和只是暂时的，蒙古人迟早还会卷土重来。所以是打是和，陛下还是自己看着办吧。

《穿越报》编辑 穿穿

【公元1213年秋天，金国与蒙古议和，完颜珣将岐国公主嫁给成吉思汗，另外献上一千名童男童女、三千匹御马和大量的金银财宝，这才使蒙古退兵。】

金人连都城都不要了

面对蒙古大军接二连三的进攻，金国皇帝完颜珣被打怕了，一听到“蒙古”二字就吓得直打哆嗦。他怎么都觉得待在中都不安全，就和大臣商量迁都汴京（今河南开封）的事。

大臣们一听傻眼了，眼看金国危在旦夕，人心涣散，大家都指望着皇帝给大家加油打气呢，他倒好，光想着自己跑路了。

尽管大臣们一再反对，可依旧挽不回皇帝一颗想溜的心。公元1214年五月，完颜珣让太子坐镇中都，自己带着美貌的妃子和金银细软，两脚一抹油，溜到汴京去了。

事情传到成吉思汗耳朵里后，成吉思汗乐了，赶紧召集将领：“金国皇帝既然已经跟我讲和了，可却又违背约定，跑到汴京去了，这根本就是在给我们提供打仗的借口嘛。还等什么，我们赶紧打过去吧。”

于是，成吉思汗派使者去追还在路上的完颜珣，大骂他不讲信用。完颜珣厚着脸皮，假装没听见，继续向南逃命。

成吉思汗也就不客气了——既然中都你不要了，那归我得了，于是派军团团包围了中都。

可笑的是，完颜珣的第一反应不是派兵去救，而是给太子下了一封诏书，叫他赶紧也逃到汴京来。

大臣们哭着说："太子留在中都，中都或许还能保住，太子一走，中都可就完了。"

果然，太子一走，中都立马沦陷了，整个大金国岌岌可危。

成吉思汗明白，是时候开条件了，他派人去汴京告诉完颜珣：只要你献出河北、山东等蒙古汗国还未取得的城池，主动去掉帝号，称河南王，我们就退兵。

完颜珣一听，这和亡国有什么区别，坚决不肯答应。

于是，蒙古大军在金国的土地上又进行了一轮大扫荡，本来就已经危在旦夕的金国变得更加风雨飘摇。

公元1216年，成吉思汗眼看金国已经成了自己的囊中之物，便把注意力转向西方，将中原的战场交给了大将木华黎。

（成吉思汗西征的时候，蒙古汗国与金国的战争还在继续，直到公元1223年，木华黎病死，两国才暂时休战。后来，成吉思汗的儿子窝阔台登位，联合南宋，这才彻底灭了金国。）

陛下，别走啊！
中都太危险了，我还是去汴京躲躲吧。

中都沦陷

陛下要是不跑，中都就不会沦陷了。

我要是不跑，就跟着中都一块儿沦陷了。

越越 大嘴记者

完颜珣 特约嘉宾

嘉宾简介：完颜永济的侄子，金朝的第八代皇帝。在位共十一年，期间连年遭受蒙古大军的侵扰，皇位没一天坐安稳过。此人胆小怕死，毫无气节，为了保命连都城都可以不要，最终在惊惶与恐惧中病死，终年四十一岁。

越　越：陛下，最近睡得可好？

完颜珣：（指着自己两个大大的黑眼圈）你看这里就知道了。

越　越：唉，金国也是一个泱泱大国，曾经把大宋欺负得那么惨，如今却被蒙古人打得跟落水狗似的，陛下觉得是什么原因呢？

完颜珣：（不高兴）记者，请注意你的措辞。

越　越：好的，那么请问，金人为什么打不过蒙古人？是金国衰落了，还是蒙古人太厉害了？

完颜珣：蒙古人厉害固然是一个重要原因，但更主要的原因是我们金国已经今非昔比啦。

越　越：哦，此话怎讲？

完颜珣：自打先祖完颜阿骨打建国后，咱们金国也曾有过很长一段时间的光辉历史，像辽国、北宋，无一不亡在我们金人的铁骑之下。可自从金章宗即位后，国力就一天不如一天了。

越　越：为什么呢？

完颜珣：大家过惯了太平日子，哪里还记得先祖们辛辛苦苦打江山的苦啊？为政者无德，为官者不廉，全国各地起义不断，军队也日渐散漫，哪里还有一点咱们女真人的尚武精神？

越　越：原来如此。（小声嘀咕）不过话说回来，陛下自己这皇帝也当得不怎么样嘛。

完颜珣：（没听见）不光这样，连老天都来跟我们作对，不是洪灾就是旱涝，要么就是蝗灾。光黄河就决堤了好几次，国内一片混乱。在这种情况下，强大的蒙古人又来捣乱，这对我们金国来说无异于毁灭性的打击呀。

越　越：谁叫你们当初把蒙古人欺负得那么狠呢。人家现在强大了，不找你们报仇才怪呢。听说你们曾经有一个规矩，每三年就向北方发一次兵，路上见到蒙古男人就杀，这也太狠了吧？

完颜珣：你说的也有道理。不过我们屠杀蒙古人的时候，蒙古人也没闲着，他们常来边境捣乱，搞得我们鸡犬不宁。

越　越：听说为了防止蒙古人侵扰，你们专门在金蒙交界的地方修了一道三千多里长的长城？

完颜珣：可不是。为了修这道长城，我们花费了几十年时间，征调了数不清的民夫，只可惜……

越　越：可惜蒙古大军入侵的时候，轻而易举就把它突破了。

完颜珣：是啊，真是白费那么多精力了。

越　越：也不能那么说，只能说蒙古人比你们更用心。据我所知，为了对付金国，成吉思汗早在十几年前就开始做准备了。他厉兵秣马，整顿军队，又通过各种渠道，收集了许多关于金国的情报，还结交了很多仇恨金国的契丹人，在正式进攻前，他还不忘切断你们的左翼西夏。对了，蒙古人打西夏的时候，你们金国怎么不帮忙呢？

完颜珣：唉，当初哪里想那么多啊。我们还想着让他们狗咬狗，我们自己坐收渔翁之利呢，结果……

越　越：结果失策了吧。

完颜珣：是啊，原来蒙古人那时就在盘算怎么对付我们了，真是失策啊！

越　越：现在后悔也来不及啦。您还是多想想怎么应付眼下的情况吧！好了，不打扰您休息了，再见。

广告铺

每户契丹人由两户女真人监督

我知道，趁这次蒙古人进犯的机会，很多契丹人开始蠢蠢欲动了，妄想借机光复辽国。为了防止契丹人作乱，我决定，每户契丹人由两户女真人监督。一旦发现异常，负责监督的女真人要立刻向当地官府禀报。

大金皇帝完颜永济

征集马匹通知

前不久，蒙古强盗来袭，抢走了我州群牧监所有的马匹，共计数百万。现我州急缺作战马匹，因此特向民间征集强壮、健康的马匹，希望大家都出一分力，为赶走蒙古人做贡献。

金国云内州群牧监

整军通知

从今天起，每个士兵随身携带皮甲、兜、皮囊、小帐、锅、弓、斧、刀、矛、箭头等，将这些补充到规定的数量，每千户、百户管理的士兵、马匹数量也要补充到位。军队要在严冬时节进行大练兵，务必提高我们蒙古军队的战斗力。

成吉思汗

第11期

公元1218年—公元1225年

艰苦的西征

成吉思汗秀

穿越报

CHUANYUE BAO

【烽火快报】

- 把领土扩张到西边去

【叱咤风云】

- 蒙古人也被欺负了
- 要打仗，先交代后事
- 一场疯狂的报复

【名人有约】

- 特约嘉宾：铁木真

【广告铺】

- 范延堡更名“卵危八里”
- 卖纸牌啦
- 全真教招收弟子

穿越必读 CHUANYUE BIDU

对成吉思汗来说，西夏与金国已经不足为患，他又将目光投向了更遥远的西方，那里有仇敌儿子统治的西辽国，有不将蒙古汗国放在眼里的花剌子模国（今中亚西部地区），还有许许多多的小国家，于是，一场艰苦卓绝的西征开始了。

把领土扩张到西边去

——来自虎思斡耳朵的加密快报

公元1218年，成吉思汗从金国回来后，又派哲别率两万大军去征讨西辽国。奇怪，西辽是个什么国家？成吉思汗为什么要征讨它呢？

原来，西辽国在蒙古汗国的西边，和辽国一样，也是由契丹人建立的。本来西辽与蒙古没什么恩怨，问题就在于，已故的太阳汗有个儿子叫屈出律，他于十年前逃到西辽，被西辽皇帝收留了，并且还做了驸马。而屈出律又是个白眼狼，当上驸马还不够，又把皇帝赶下台，自己做了西辽皇帝。

成吉思汗知道这件事后，怕斩草不除根，春风吹又生，就派哲别去征讨西辽。

哲别是个很有智慧的人，打听到西辽人大都信奉回教（即伊斯兰教），可自打屈出律上台后，回教徒们便被迫改信佛教，西辽百姓早就对屈出律恨得牙痒痒了。

哲别便抓住这一点，使劲儿煽风点火，很快，国内立刻掀起了起义的热潮，哲别趁机发动进攻，把屈出律捉住杀了。

西辽灭亡了，这意味着，成吉思汗的脚步向西迈出了一大步。

蒙古人也被欺负了

虽然蒙古人从前没少被人欺负，但自打成吉思汗登位后，就只有蒙古人欺负别人的份儿，别人休想动蒙古人一根手指头。

可令人意外的是，蒙古人还是被人欺负了。

这个欺负蒙古人的国家，叫花剌子模国，是西方一个强国。原本跟西辽接壤，蒙古汗国吞并西辽后，花剌子模国跟蒙古汗国就成了邻居。

在这之前，两国之间本来还有点交情的。成吉思汗还给花剌子模国的国王写过一封信，信中说：“我很愿意和您友好相处，对您就像对亲生儿子一样……”

成吉思汗的本意是很诚恳的，因为花剌子模国位于东西方贸易的交通要道上，跟他们搞好关系，有利于蒙古与西方通商。

可花剌子模国国王摩诃末看了信后，很不高兴，哪有跟人套近乎的时候，把人比作儿子的？

摩诃末就问使者：“你们蒙古汗国的实力怎么样啊？”

使者谦虚了一下，说：“你们是西方大国，我们蒙古汗国哪里比得上你们？”

摩诃末一听当真了，就没把蒙古汗国看在眼里。尽管这样，他还是与蒙古汗国建立了友好通商关系。

两国建交后没多久，就有人从花剌子模国来蒙古做生意。成吉思汗很高兴，认为两国之间的邦交很成功，不仅热情地款待了这些商人，还派了一支四五百人的商队和使者团，也去花剌子模国做生意。

队伍带着五百只骆驼，驮上让人眼花缭乱的金银、丝绸、纺织品、海狸皮和貂皮等，浩浩荡荡地出发了。

谁知到达花剌子模国后，守将见了这数不清的金银宝物，起了贪念，就跑到国王摩诃末跟前，诬陷这些蒙古人是奸细。

摩诃末也是个糊涂蛋，查都没查，就把这支商队的人杀掉了。只有一个人拉着骆驼，逃了回来。

成吉思汗得到消息后，气得吐血。按他以往的脾气，就该立马血洗花剌子模国，但为了东西方的友好贸易往来，他决定先忍下这口气，又派了三名使者去花剌子模国讨说法。

谁知，摩诃末也不把这些使者放在眼里，不但下令砍了正使，还把两名副使的胡子烧光，赶出国境。

是可忍，孰不可忍！这下成吉思汗再也忍不了了，当即决定，亲征花剌子模国！一场蒙古汗国与花剌子模国，东方大国与西方强国之间的战争，就要打响了。

要打仗，先交代后事

成吉思汗西征前，把后方留给弟弟帖木格把守，大宫殿交给正宫皇后孛儿帖管理。

这时，另一个皇后也遂拉住成吉思汗说："大汗这次出征，要越过巍巍高山，渡过滔滔大河，踏上万里征途，平定诸多国家。可是在这世上，没有人能长生不死，万一大汗大树一般的身躯倒下了，这乱麻一样的民众要交给谁管理？在您的皇子中，谁能接替您当可汗呢？"

成吉思汗认为这话很有道理，就把四个儿子术赤、察合台、窝阔台和拖雷叫来，他先问了大儿子术赤的意见。

术赤还没来得及张口，二儿子察合台插嘴了："父汗问术赤，是不是想立他？哼，术赤是蔑儿乞人的种，我们哪能被他管？"大家一定记得，皇后孛儿帖曾被篾儿乞人掳走，术赤刚好就是那时怀上的，所以术赤到底是不是自己的儿子，成吉思汗也一直不大确定。

听了这话，术赤气得鼻子都能喷火了，一把揪住察合台的衣领，说："来来来，我们出去比比，要是你赢了我，我就躺在地上，再也不起来了。"

就在兄弟俩要打起来的时候，博尔术和木华黎赶紧上去把他们拉开，成吉思汗则坐在一旁闷不吭声。

这时，有个大臣站出来责备察合台说："你出生前，草原上乱成一团，所以你母亲才会被人掳走。你现在说这种话，岂不让她寒心吗？她含辛茹苦地养育你们兄弟几个，你怎么能这么说她？"

听了这话，成吉思汗终于开口了："察合台，术赤是你大哥，你怎么能说这种话！"

察合台听了，不敢再多言，但他还是不甘心让术赤继承汗位，就笑着说："我开玩笑呢。我们兄弟几个，就我跟术赤最年长，我们俩愿做父亲的左右手，为您效力。我看三弟窝阔台是个老实人，让他做可汗得了。"

成吉思汗又问其他三个儿子的意见。术赤眼看自己当可汗无望，觉得只要不是察合台做可汗就行。窝阔台自然没有意见。小儿子拖雷年纪最小，当可汗的希望不大，也同意了。

确立继承人一事完美解决后，成吉思汗就更安心地去攻打花剌子模国了。

一场疯狂的报复

公元1219年夏天，成吉思汗在也儿的石河畔（今新疆额尔齐斯河）举行隆重的誓师大会后，便领着二十万大军，浩浩荡荡地向西出发了。

蒙古军的队伍中，除了骑兵，还有炮兵、工兵和很多来自中原的工匠和技师。另外，每个骑兵都配备有三四匹好马，两套武器，还配有军医、军需等。可见，为了对付花剌子模国，成吉思汗这次是做足了功课。

花剌子模国那边也是实力雄厚，据说有四十万大军，是蒙古军队的两倍。

因为要打仗了，摩诃末就想找百姓收点赋税，可当年的赋税早在前一年就预征了。摩诃末不甘心，又叫百姓去修防御工事，谁知还没修完，蒙古大军就到了。

摩诃末手忙脚乱中，想了个昏招，将四十万大军分散到各个城市把守，这样一来，实力又被削弱了很多。

成吉思汗抓住摩诃末的弱点，集中兵

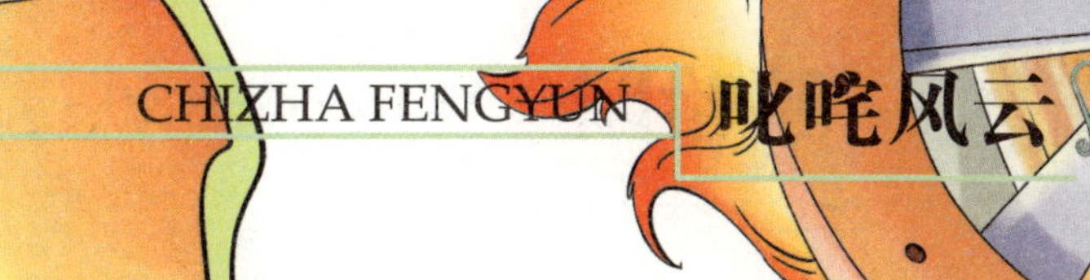

力，各个击破，很快就打到了花剌子模国的都城——撒马耳罕。

摩诃末听说成吉思汗打到都城来了，吓得要命，之前的嚣张气焰荡然无存。他思前想后，最后做出一个艰难的决定：两脚一抹油，撇下都城溜了。

可不能让花剌子模国国王跑了！

成吉思汗一面派人去追摩诃末，一面攻城，只花了五天时间，就把撒马耳罕攻下了来。蒙古大军像潮水般涌进城里。

一场疯狂的报复开始了！

蒙古兵不停地破坏建筑、屠杀百姓。一眨眼的工夫，原本繁荣美丽的撒马耳罕，变成了淌血的废墟。

再说摩诃末，被蒙古兵追得惶惶如丧家之犬，好几次差点落入蒙古人手中。他跑啊跑，财物都丢了，仆人也跑散了，最后只剩下孤家寡人，他跑到嘎斯比海（今里海）的一个孤岛上躲了起来，不久就病死了。

蒙古军在追击摩诃末和他的残余部队时，一路扫荡沿途的城镇。在蒙古铁骑的践踏下，无数繁华的城镇沦为废墟，无数无辜的百姓被屠杀，中亚的大片土地落入他们手中。

直到公元1225年，蒙古军人困马乏，实在是打不动了，这才停止疯狂的报复，回到草原上。

哼，蒙古人有什么了不起的？我才不怕他们！

蒙古商人，杀了！

蒙古使者，杀了！

什么？蒙古人打到都城了？？？

救命哇……

来自草原的“恶狼”

说起蒙古军，我从来没见过那么野蛮的军队，动不动就屠城！动不动就屠城！不管士兵还是百姓，一个都不放过，连女人和小孩子都杀，真是禽兽不如！

铁匠奥迪亚

骑士卡瓦西

是啊，只要守将一开始不肯投降，城破之后，蒙古军必定屠城。马鲁城就是个很好的例子，就因为一开始做了抵抗，所以就算后来投降了，还是被蒙古军屠了城。听说当时蒙古大将拖雷搬了个金椅子，他气定神闲地坐在那里，亲自指挥屠杀俘虏，真不知道他是怎么办到的，难道他的心是铁铸的吗？

忒耳迷城也好不到哪里去，听说蒙古大军攻下忒耳迷城后，见人就杀，见东西就抢。你们说说，这些人是不是疯了！

小兵路得

小兵约翰

我看他们不是疯了，他们根本就不是人类，是从草原上来的恶狼、野兽！

该怎样找蒙古人报仇？

穿穿老师：

您好，我是摩诃末的儿子扎兰丁，花剌子模国的新国王。最近，我好不容易重新集结了十万大军，准备跟蒙古人血拼一场，我的两个部将却闹起了分裂，结果再次被成吉思汗打败。

我实在招架不住，一路逃到申河（编者注：今印度河）边，从两丈多高的悬崖上跳下去，才保住一条命。

但成吉思汗还是不放过我，我逃到天竺，他就派兵追到天竺。幸好印度天气太热，那些来自草原的蒙古兵热得受不了，没多久就退回去了。

一想到我那美好的国家变成了荒园，我的心中就无限悲伤。我真想杀了那些仇人，为死去的父亲和百姓报仇。

可是，我该从哪里下手才好呢？

花剌子模国国王 扎兰丁

陛下：

您好。我很佩服您。据我所知，在这场战争中，贵国大多数将领不是投降，就是逃跑，只有少数人顽强抵抗，您就是其中最突出的一个。您跳崖逃脱之后，成吉思汗还夸您，要几个儿子向您学习，可见他很尊重您这个对手。

关于您说找蒙古人复仇的事，我劝您还是算了吧。蒙古人实在太强了，跟他们作对，只怕没什么好下场，您还是先保住这条命要紧。

《穿越报》编辑 穿穿

【成吉思汗去世后，扎兰丁仍旧不断与蒙古对抗。直到公元1231年，扎兰丁在被蒙古军追击的途中遇刺身亡，花剌子模国也因此彻底灭亡。】

越越 大嘴记者

铁木真 特约嘉宾

嘉宾简介：曾经的铁木真，如今的成吉思汗。他统一蒙古草原后，又先后使西夏、金国屈服在自己脚下。如今，野心勃勃的他又率领蒙古军扫荡中亚，攻城略地，血洗千城。从中原到西域，成吉思汗的名号令所有人闻风丧胆。

越　越：大汗您好，对蒙古军在西征中的表现，您觉得怎么样？

铁木真：总的来说挺满意。

越　越：可有人说蒙古军太残忍了，动不动就屠城，杀得人家鸡犬不留，对此大汗有什么看法？

铁木真：我们蒙古军的原则是“投降者生，抵抗者死”。想活命就投降，做无谓抵抗者，还是屠了干净。

越　越：可是据我所知，你们对金国就没有这种屠城政策。

铁木真：金国跟花剌子模国不一样，跟金国我们可以打持久战，花剌子模国就不行。我们远道而来，兵力和粮草都有限，所以必须在最短的时间内扫平它。时间拖得越久，形势对我们越不利。从这方面来讲，我们不得不采取一些非常手段。

越　越：原来如此，可草民觉得杀戮太多，终究不是一件好事，更何况，被屠杀的大多是平民百姓，他们何其无辜？

铁木真：是啊，有人也曾向朕指出过这一点，朕对此也做了一些检讨。

越　越：哦，大汗也自称朕啊？

铁木真：朕这大汗当得不跟皇帝差不多吗？当然可以这样了。

越　越：没事没事。草民就随便问问，继续继续——敢问这位高人是谁？

铁木真：哈哈，你一定听说过他的名号，他就是长春子丘处机。

越　越：丘处机？草民当然听说过啦，他是全真教的掌教嘛。咦？据草民所知，丘处机是中原人，大汗是怎么知道他的？

铁木真：朕也是在西征途中听中原人说的，大家都说他是神仙，活了三百多岁了。朕年纪大啦，可还不想死，就想跟他讨教个长生不老的方子。

越　越：哎，什么三百多岁，长生不老，都是人们瞎传的。丘处机也就七十多岁。

铁木真：是啊，可当时朕不知道呀，就写了一封信，请丘处机来草原做客。

越　越：来草原？这千里迢迢的，他一个老人家受得了吗？况且草民听说金国和南宋的皇帝都想请他出山，可这老头怎么都不肯去。大汗倒好，张口就让他来草原，他来了吗？

铁木真：来了。

越　越：大汗的面子果然比别人大。那你们都谈了些什么？

铁木真：朕张口就问他，怎样才能长生不老，把他给问愣住了。

越　越：哈哈，那他是怎么回答的？

铁木真：他说，他没有长生不老药，只有一些延年益寿的法子。

越　越：是什么法子？

铁木真：好生恶杀，清心寡欲。

越　越：（低吟）好生恶杀，清心寡欲……呀，说得真好，那大汗又是怎么回应的？

铁木真：朕说，我们蒙古人天生好斗，野心又大，想遵从丘道长的建议很难。但道长既然说了，朕尽力去做就是。朕还命人将丘道长的教诲记录下来，时刻提醒我们要少杀生，多积德。

越　越：看来丘道长的一句话，为天下苍生做了很大贡献啊，相信史官们一定会记下这件事的。好的，时间不早了，今天的采访就到这里，大汗再见。

广告铺

范延堡更名“卵危八里”

范延堡由于坚持不肯投降，导致我爱孙篾忒干（编者注：其是察合台的儿子）惨死沙场，实在是罪无可赦。如今范延堡被我攻下，为了替死去的孙儿报仇，我下令，城里的东西一样都不取，全部毁灭，人也全部杀光。我还要给它取个新名字，叫“卵危八里”（编者注：其意思是“歹城”）。

成吉思汗

卖纸牌啦

卖纸牌啦，最新从西域进口的纸牌，超级有趣，玩法也特别简单，欢迎各位草原上的兄弟姐妹们前来购买。数量有限，欲购从速啦！

杂货商巴根

全真教招收弟子

全真教乃道教正宗，由祖师爷王重阳创立。我教人才辈出，像马钰、谭处端、刘处玄、丘处机、王处一、郝大通、孙不二（编者注：他们合称“全真七子”）这些真人都出自我教。现我教面向四海，招收弟子，若有对道教感兴趣的朋友，欢迎加入我教。

全真教

第12期

公元1226年—公元1227年

天骄陨落

成吉思汗秀

穿越报

CHUANYUE BAO

【烽火快报】
- 六十五岁的老汗亲征西夏

【绝密档案】
- 不听话的西夏

【叱咤风云】
- 受了伤，也要拿下西夏
- 中兴府大屠杀

【名人有约】
- 特约嘉宾：铁木真

【广告铺】
- 报答也遂皇后
- 悼念儿子术赤
- 拖雷监国通知

【智者为王】
- 第4关

穿越必读 CHUANYUE BIDU

成吉思汗西征回来后，又马不停蹄地挥师南下，讨伐屡降屡叛的西夏。然而就在出征途中，成吉思汗不幸落马，摔成重伤。他还能实现亲征西夏的愿望吗？蒙古军是否能顺利平定西夏？敬请关注本期报道。

六十五岁的老汗亲征西夏

——来自土兀剌河边的加密快报

来自土兀剌河边的加密快报

近日，成吉思汗的大帐中传来消息，这位六十五岁的老汗要亲自去讨伐西夏。

这时，蒙古大军刚刚西征回来，兵马劳顿，急需休整。而且成吉思汗自己年纪也大了，万一在征讨途中发生意外，后果不堪设想，所以，也遂皇后劝成吉思汗不要去。

可成吉思汗坚持要去，说：“朕当可汗二十年了，西北方已经基本被朕平定，只有南边还不太平。在朕有生之年，一定要平定南方才行。就算朕今年不去，明年也要去。”

也遂皇后见拦不住成吉思汗，只好说：“那臣妾跟大汗一起去吧。”成吉思汗非常感动。

公元1226年春天，成吉思汗亲自率领十万大军，带着儿子窝阔台、拖雷和察合台，正式向西夏发动进攻。

有人觉得奇怪，西夏不是早就臣服于蒙古汗国了吗？成吉思汗为什么还要征讨它？现在，就让记者为您揭开这次南征的起因。

不听话的西夏

原来，西夏虽然表面上臣服于蒙古，可骨子里却反叛得厉害。每次蒙古大军一来，它就投降，蒙古军一走，它又叛变了。

成吉思汗准备西征时，要西夏出兵。西夏一口拒绝，还说：“既然自己没本事，就别当大汗呀。”

这话传到成吉思汗耳朵里，把成吉思汗气得呀，立马命正在攻打金国的木华黎给西夏一点教训。

木华黎接到命令，迅速包围了中兴府。西夏皇帝吓得又派人来求和。当时成吉思汗正在西征途中，懒得跟西夏较真，就命蒙古军撤兵了。

没多久，李德旺当上了西夏皇帝。这人龙椅还没坐热呢，就想联合金国共同抗蒙。双方一拍即合，达成了秘密协议。然而，金国已经是泥菩萨过江——自身难保。于是，李德旺又派人联络漠北诸部共同抗蒙。

成吉思汗听到这个消息，火了，再次命人进攻西夏。李德旺招架不住，又向蒙古求和，还答应将儿子送到蒙古做人质。

谁知蒙古一撤军，李德旺就反悔了，迟迟不肯将儿子交出来。成吉思汗非常恼火，派人去催，也不管用。

成吉思汗终于明白，像西夏这种不讲信义的小国，只有把它吞并了，才能彻底使它臣服。于是，成吉思汗西征回来后，就马不停蹄地向西夏发动进攻。

我投降。

我投降。

我投降。
你！你当我傻啊！

受了伤，也要拿下西夏

蒙古大军浩浩荡荡地向西夏出发了。成吉思汗骑着一匹高大的红沙马，威风凛凛地走在队伍前面。

走到一片辽阔的大草原时，成吉思汗见碧草青青，野花灿烂，一匹匹壮硕的野马正在草丛里漫步，于是他一时兴起，就叫军队停止进军，围猎野马。

成吉思汗打猎正打得起劲，突然不知从哪窜出一头野马，狠狠地撞了红沙马一下。红沙马受了惊，长咴（huī）一声，扬起前蹄，把成吉思汗狠狠地甩了下来。

这下成吉思汗可摔得不轻，当晚体温急剧升高，卧床不起。

部下劝成吉思汗说："西夏就在那里，跑也跑不掉，不如等大汗的伤养好了再去打。"

成吉思汗不同意，说："假如我们回去了，西夏人一定以为我们怕了他们。朕就在这里养病，你们先去西夏，问问他们的皇帝，看他怎么说。"

蒙古使者来到西夏的中兴府，责问李德旺不讲信用。李德旺倒没说什

么，大臣阿沙敢不又出头了：“废什么话，你们要打就打，有本事来贺兰山跟我打，我的营盘就在那里。如果你们想要西夏的金银，就自己来取。”几句话把蒙古使者气走了。

成吉思汗听了回禀，气得一下从床上坐起来，咬牙切齿地说：“就算朕死了，也要把西夏拿下！”

于是，成吉思汗派兵去贺兰山跟阿沙敢不打。阿沙敢不光知道嘴硬逞强，打起仗来却不行，没几下就被蒙古军捉住了。

面对潮水般的蒙古大军，西夏军兵败如山倒，各个重镇相继落到蒙古人手里，只剩中兴府一座孤城。

李德旺听着外面的战况，每天胆战心惊，结果心脏承受不住，给吓死了。

李德旺死后，他的侄儿李睍（xiàn）即位。李睍也是个倒霉鬼，临危受命，刚登上皇位，中兴府就被蒙古军包围了。

李睍在城中坚守了半年，粮食吃光了，士兵和百姓不是饿死，就是得了病，更倒霉的是，城中还发生了地震，连宫殿都被震塌了。眼看山穷水尽，李睍无论如何也守不下去了，只好向成吉思汗献上祖传的金佛和大量金银、骆驼等，请求投降。

但李睍要求成吉思汗宽限一个月的时间，说要准备贡品，迁移百姓。成吉思汗答应了。

西夏这次是诚心归附蒙古吗？会不会还像之前那样，等蒙古军一走又叛变呢？请继续关注本报报道。

中兴府大屠杀

公元1227年夏天，成吉思汗的病情迅速恶化，眼看就快不行了。这时，成吉思汗还记挂着西夏投降的事，西夏虽然答应一个月后投降，可成吉思汗总觉得西夏人不可靠，就对部下说："朕死后，你们先别向外宣扬，让敌人知道了。等西夏人投了降，你们把他们的皇帝和百姓都杀掉，免得他们反悔。"

不久，成吉思汗就去世了，尸体被悄悄运回了蒙古草原。

西夏人不知道成吉思汗死了，便按照约定，一个月后出城投降。他们哪里想到，等待他们的不是受降仪式，而是一场惨绝人寰的大屠杀。遵照成吉思汗的指示，李晛出城投降后，蒙古人立刻翻脸，杀了李晛和所有大臣，并再一次疯狂地屠杀了城里的百姓。大街小巷一片哀嚎，血流成河。

等一切平静下来后，中兴府已经成了一座死城，这个由党项人建立、历经了两百多年的国家，也一去不复返了。

对成吉思汗的评价

成吉思汗真是个了不起的英雄，他一生历经坎坷，被家族抛弃过，被安答背叛过，被人追杀过，妻子被人掳走过……可什么都压不倒他。他从一个一无所有的穷小子，做到蒙古部落的首领，再到蒙古汗国的皇帝，再到威震四海的大汗，真是太了不起了，他是我们草原人民学习的榜样。

牧羊人乌力罕

某西域商人

榜样？呵呵，你们草原人的榜样就是这个杀人不眨眼的屠夫？难怪蒙古军一个个都跟野兽似的嗜血如命，屠城就跟吃饭一样简单，原来都是跟这个暴君学的呀。

哎，不要吵，不要吵，大家立场不同而已嘛。这么说吧，成吉思汗有功也有过。他是军事奇才，征战一生，统一蒙古草原，征服了众多民族，建立了史无前例、横跨亚欧大陆的蒙古帝国；又打开西域大门，把咱们东方先进的文化和科技等带到了西方，这都是他的功劳。

至于过错嘛，那就是杀戮太多。死在蒙古军屠刀下的百姓，只怕要把斡难河填满了，而且大多是西征时杀的，难怪你们西域人那么恨他，这个也可以理解。

越越记者

成吉思汗的陵墓在哪里？

穿穿老师：

您好，我是一名蒙古士兵，我的偶像是伟大的成吉思汗，但遗憾的是，由于地位卑微，我从来没有见过可汗的真容。现在他死了，我很想到他的墓前去祭拜一下，可又不知道他葬在哪里。穿穿老师，您可以指点一下我吗？

某小兵

小兵：

你好。据我所知，成吉思汗就葬在不儿罕山中。他在世的时候，曾在不儿罕山狩猎。有一次他打猎打累了，在一棵大树下休息，并被附近幽静的风景深深吸引，便对身边的人说："等我死了，就葬在这里。"

成吉思汗去世后，后人遵照他的意愿，把遗体装在挖空的树木中，葬在那棵大树下，接着赶来马群，将那里踏成平地。如今，那地方已经被朝廷封锁起来，一般人是禁止靠近的。要等平地上长出绿油油的青草，看不出一丝痕迹时，才会解封。到那时候，谁也不知道成吉思汗到底葬在哪儿了。

不过，假如你坚持要去祭拜，我也可以为你指点一二。由于成吉思汗的子孙每年都要祭祖，所以他们还留了一条后路。在埋葬成吉思汗的时候，他们找来一头母骆驼和一头小骆驼，然后当着母骆驼的面，杀掉了小骆驼。这样，母骆驼就会永远记住失去孩子的地方。等到将来要祭祖的时候，只要牵来母骆驼，它就会找到小骆驼淌血的地方，并在那里长跪不起。

《穿越报》编辑 穿穿

越越 大嘴记者

铁木真 特约嘉宾

嘉宾简介：蒙古汗国的建立者，令人闻风丧胆的“成吉思汗”。他一生历经磨难，并在磨难中迅速崛起。他身经百战，几乎从未打过败仗，创造了世界战争史中的奇迹。他野心勃勃，开疆辟壤，为子孙打下了广袤领土。他有一句名言：“让青草覆盖的地方都成为我的牧场。”

越　越：大汗您好，听说大汗马上就要出征西夏了，最近睡得可好？

铁木真：（疲惫）朕昨晚做了个噩梦，不是个好兆头，只怕朕活不了多久啦。

越　越：别这么说，做梦是很正常的事，大汗别想太多。

铁木真：但愿吧，但朕年纪也大了，这次出去，很可能就回不来了。

越　越：虽说一切要往好的方面想，但大汗年纪确实也大了，这次亲征是有一定的风险，万一大汗真的一去不回，那有什么要向大家交代的吗？

铁木真：嗯，朕有三件事必须要交代一下。

越　越：哪三件？

铁木真：第一件是关于继承人的事。虽然朕早决定传位给窝阔台，可在这里，朕还有必要再强调一下。

越　越：大汗怕窝阔台即位，其他几个儿子不服？

铁木真：是啊，他们个个骁勇善战，都有当可汗的资本，尤其是察合台，能力出众，野心也不小，朕知道他想当可汗很久了。但可汗只有一个，窝阔台当了，其他几个就没份儿，我怕他们心里委屈。

越　越：听说大汗把西征得来的土地分给了术赤、察合台和窝阔台（编者注：后来他们分别在各自的领土上建立了钦察汗国、察合台汗国和窝阔台汗国），是不是也是为了安抚他们？

铁木真：这些土地是他们自己打下来的，本来就该归他们所有。

越　越：那拖雷呢？怎么没拖雷的份儿？

铁木真：我们蒙古有个规矩，小儿子是要留在家里赡养父母、继承家业的。所以朕把蒙古本土给了拖雷。

越　越：看来大汗一碗水端得很平啊。大汗放心，您安排得这么周到，一定不会有问题的。那么第二件事是什么呢？

铁木真：第二件事是关于金国的。我这辈子是看不到征服金国的那天了，只能交给子孙们去办。我想到了一个消灭金国的好计策，一定要告诉他们。

越　越：什么计策？

铁木真：金国的主力在潼关，南有高山，北靠大河，难以攻破。假若我们向南宋借一条道，事情就好办了。南宋跟金国是世仇，一定不会拒绝。我们通过南宋，可以直捣金国都城。到时候，金国必定会从潼关调兵来救。他们千里迢迢赶到都城，人困马乏，我们便可一举将他们击败。

越　越：果然是好计策。若是大汗亲自去实施，一定会很精彩。

铁木真：交给子孙们去办也是一样的。

越　越：那最后一件事呢？

铁木真：朕一生征战沙场，所以不愿死在家里，我要为名声和荣誉而死。

越　越：所以大汗明明预感到自己快要死了，却还坚持亲征西夏，也是因为这个缘故吗？

铁木真：是的。

越　越：大汗一生戎马，威震四海，果然是生得伟大、死得光荣啊！好的，不打扰您休息了，祝大汗旗开得胜，再见。

（此次采访于成吉思汗临死前。）

广告铺

报答也遂皇后

也遂皇后跟随朕多年，一直忠贞不二，这次又随朕出征，吃了很多苦，朕很感激。如今朕快死了，没什么可报答她的，诸将务必记住，等西夏投降后，你们进城夺取的金银和牲畜，要多分一份给她，也算是朕对她的报答了。

成吉思汗

悼念儿子术赤

我儿术赤正当壮年，却不幸染病身亡，作为父亲，朕内心十分哀痛。术赤为人耿直，武艺高强，一生随朕南征北战，为国家立下了不可磨灭的功劳。为父非常感谢你的付出，蒙古子民也会永远记住你。

成吉思汗

拖雷监国通知

根据我们蒙古人的传统，可汗必须由忽里勒台选举产生。因此在忽里勒台下决定之前，窝阔台不得继承汗位。汗位空缺期间，蒙古汗国暂时由拖雷王子监国。

忽里勒台全体成员

（编者注：拖雷监国两年后，窝阔台才得到忽里勒台的肯定，正式登上汗位。）

智者无敌 王者为大

1. 西夏的都城是哪里？
2. 西夏皇帝李安全向蒙古投降后，将哪一位公主嫁给了成吉思汗？
3. 降服西夏后，成吉思汗又将矛头对准了哪个国家？
4. 成吉思汗与大皇后孛儿帖生了几个儿子？分别是谁？
5. 金国的中都是今天的哪里？
6. 金国与蒙古议和后，金国皇帝完颜珣将哪一位公主嫁给了成吉思汗？
7. 金国是谁灭亡的？
8. 西辽人信奉什么宗教？
9. 智取西辽国的是哪一位大将？
10. 成吉思汗西征主要是为了对付哪个国家？
11. 成吉思汗怀疑哪个儿子不是自己亲生的？
12. 成吉思汗将谁立为继承人？
13. 蒙古汗国与花剌子模国打仗时，双方各有多少兵力？
14. 西征时，蒙古军对不肯投降的城市的政策是什么？
15. 长春子是谁的名号？
16. 丘处机是哪个教派的掌教？
17. 西夏人投降后，蒙古军是怎么对待他们的？

智者为王答案

第1关答案

1. 斡难河。
2. 海都。
3. 从腰部出生的纯洁高贵的蒙古人一族。
4. 孛端察儿。
5. 长生天。
6. 女真族。
7. 合不勒汗。
8. 上京会宁府。
9. 月伦夫人。
10. 萨满教。
11. 公元1162年。
12. 喝了塔塔儿部人的毒酒死的。
13. 合撒儿。
14. 博尔术。
15. 义父义子。
16. 札木合。
17. 义父脱里汗和安答札木合。

第2关答案

1. 二十二岁。
2. 铁木真和札木合。
3. 札木合的弟弟偷铁木真部落的马，被人一箭射死了。
4. 因为札木合太残暴，不如铁木真宽厚仁慈。
5. 金国。
6. 是的。
7. 乃蛮部。
8. 博尔术、木合黎、博尔忽和赤老温。
9. 札木合。
10. 众汗之汗。
11. 不能。
12. 因为他和铁木真都想统一蒙古草原。
13. 哲别。
14. 超过车轴高的男子全部杀掉，剩下的人做奴隶。
15. 也速干和也遂。

第3关答案

1. 羊。
2. 不是，他其实是想摆鸿门宴杀掉铁木真。
3. 没有。
4. 铁木真。
5. 十九个。
6. 被乃蛮部的士兵当奸细杀掉了。
7. 夏季和秋季。
8. 铁木真。
9. 成吉思汗。
10. 公元1206年。
11. 忽必来、者勒篾、哲别和速不台。
12. 《大札撒》。
13. 丞相。
14. 塔塔统阿
15. 被帖木格找来的勇士打死了。

第4关答案

1. 中兴府。
2. 察合公主。
3. 金国。
4. 四个，分别是术赤、察合台、窝阔台和拖雷。
5. 北京。
6. 岐国公主。
7. 窝阔台。
8. 回教（即伊斯兰教）。
9. 哲别。
10. 花剌子模国。
11. 术赤。
12. 窝阔台。
13. 蒙古汗国二十万，花剌子模国四十万。
14. 屠城。
15. 丘处机。
16. 全真教。
17. 屠城。

成吉思汗生平大事年表

时间	年龄	大事记
公元1162年	一岁	铁木真出生。
公元1170年	九岁	与孛儿帖订婚，父亲也速该被塔塔儿人毒死，部众离散。
公元1180年	十九岁	与孛儿帖成婚。
公元1183年	二十二岁	被推举为蒙古乞颜部的可汗。
公元1190年	二十九岁	十三翼之战败给了札木合，却得到了札木合的大批部众。
公元1201年	四十岁	打败札木合联军，消灭泰赤乌部。
公元1202年	四十一岁	灭塔塔儿部。
公元1203年	四十二岁	与王汗决裂，消灭克烈部。
公元1204年	四十三岁	灭乃蛮部，同年札木合死。
公元1206年	四十五岁	建立蒙古汗国，被推举为成吉思汗。
公元1205-1209年	四十四-四十八岁	先后三次进攻西夏，迫使西夏臣服。
公元1211年	五十岁	讨伐金国。
公元1214年	五十三岁	与金国议和。
公元1215年	五十四岁	夺取金国都城中都。
公元1219-1225年	五十八-六十四岁	西征花剌子模国。
公元1226年	六十五岁	亲征西夏，途中落马受伤。
公元1227年	六十六岁	病逝于清水县（今甘肃省内）。

图书在版编目(CIP)数据

一代天骄成吉思汗 / 彭凡著. —北京 ：化学工业出版社，2015.8（2024.11重印）

（历史穿越报）

ISBN 978-7-122-24676-9

Ⅰ. ①一… Ⅱ. ①彭… Ⅲ. ①成吉思汗（1162－1227）－生平事迹－少年读物 Ⅳ. ①K827=2

中国版本图书馆CIP数据核字（2015）第166042号

责任编辑：丁尚林　刘亚琦　　　　文字编辑：李　曦

责任校对：陈　静　　　　装帧设计：尹琳琳

出版发行：化学工业出版社（北京市东城区青年湖南街13号　邮政编码100011）

印　　装：天津裕同印刷有限公司

710mm × 1000mm　1/16　印张12　2024年11月北京第1版第22次印刷

购书咨询：010－64518888　售后服务：010－64518899

网　　址：http://www.cip.com.cn

凡购买本书，如有缺损质量问题，本社销售中心负责调换。

定　　价：29.80元